Michael Mary

Liebe will riskiert werden

Michael Mary

Liebe will riskiert werden

Warum Paare heute anders lieben und wie sie damit glücklich werden

ARISTON

MIX
Papier aus verantwortungsvollen Quellen
FSC
www.fsc.org
FSC® C083411

Verlagsgruppe Random House FSC® N001967

Bibliografische Information der Deutschen Bibliothek

Die Deutsche Bibliothek verzeichnet diese Publikation
in der Deutschen Nationalbibliografie; detaillierte bibliografische Daten
sind im Internet unter http://dnb.ddb.de abrufbar.

Redaktion: Dr. Regina Carstensen
Umschlaggestaltung: Hauptmann und Kompanie, Zürich
Satz: EDV-Fotosatz Huber/Verlagsservice G. Pfeifer, Germering
Druck und Bindung: CPI books GmbH, Leck
Printed in Germany

ISBN 978-3-424-20147-5

Inhalt

Vorwort

Was ist Liebe? Seit Ewigkeiten brüten Denker darüber, versuchen Poeten das Phänomen zu erfassen, ohne die Frage je zufriedenstellend beantwortet zu haben. Das liegt nicht an der Unfähigkeit der Philosophen, Psychologen oder Dichter. Es hat damit zu tun, dass Liebe nichts Bestimmtes »ist«.

Liebe ist weder ein festes Ding noch eine über den Verhältnissen schwebende Erscheinung. Liebe existiert nicht »an sich«, es gibt keine Liebe »als solche«. Vielmehr stellt die Liebe ein komplexes Gefühls- und Verhaltensphänomen dar, das in die jeweilige soziale Umgebung und konkrete Lebenswirklichkeit der Menschen eingebunden ist.

Menschen verstanden zu jeder Zeit unter Liebe – ich spreche in diesem Buch übrigens ausschließlich von der Paarliebe – etwas anderes. Abhängig vom historischen Kontext nahm die Paarliebe unterschiedliche Formen an, und abhängig davon erfüllte sie jeweils einen anderen Zweck.

Das gilt auch für unsere heutige Zeit, und daher intendiert der Titel dieses Buchs einen »neuen Zweck« von Liebe. Ich möchte beschreiben, was *heute* unter Liebe verstanden wird, welche Formen sie *aktuell* annimmt und welchen Zweck sie *gegenwärtig* erfüllt. Natürlich unterscheidet sich die heutige Liebe nicht vollständig von früherer Liebe. Aber sie unterscheidet sich wesentlich von der Liebe, die in der Generation unserer Eltern praktiziert wurde, und sie unterscheidet sich sogar beachtlich von der Liebe, die noch vor zwanzig Jahren gemeint war.

Was bildet das Zentrum der heutigen Paarliebe – und was ist mittlerweile an ihren Rand gerückt? Wodurch entsteht und wie vergeht sie? Was erwarten die Partner von der neuen Liebe und was verlangt sie ihnen ab? Welcher soziale und welcher individuelle Sinn verbergen sich in ihr? Auf welche Weise wird sie von der Auflösung der Geschlechterrollen beeinflusst? Und welche Chancen und Risiken sind mit ihr verbunden?

Mit all diesen Fragen befasse ich mich unter psychologischen und gleichwohl praktischen Gesichtspunkten anhand zeitgemäßer Begriffe. Und hoffe, dass Ihnen die Lektüre ebenso viele Erkenntnisse vermittelt wie mir das Schreiben.

Michael Mary

Was ist Liebe?

Liebe bedeutet zu jeder Zeit etwas anderes. Doch bevor ich das genauer ausführen möchte, will ich zuvor anhand eines Beispiels veranschaulichen, was Partner *heute* typischerweise meinen, wenn sie von Liebe sprechen, und woran sie erkennen, dass sie selbst lieben und von jemandem geliebt werden.

Bei dem Beispiel geht es um eine zweiunddreißigjährige Frau, die Single ist und seit Längerem einen Liebespartner sucht. Dabei beschreibt sie ihre Lebenssituation durchaus sehr positiv:

> *Eigentlich kann es mir kaum besser gehen. Ich habe einen super Job, der mir Spaß macht und bei dem ich gut verdiene. Ich besitze eine Eigentumswohnung, die in einigen Jahren abbezahlt sein wird. Ich habe eine Menge Bekannte, mit denen ich viel unternehme, und beste Freunde, mit denen ich über alles Mögliche reden kann. Tolle Hobbys habe ich, auch reise ich sehr gern. Wenn ich möchte, habe ich guten Sex* ... Sie zögert, und dann fügt sie hinzu: *Und doch ... fehlt mir etwas ... zum echten Glück.*

Diese junge Frau hat in der Tat eine Menge, mit dem sie zufrieden sein kann, einen klasse Job, Bekannte, Freunde, Sex. Bestimmt ist sie recht glücklich, doch etwas fehlt ihr zum *echten Glück*, wie sie sagt. Aber was fehlt ihr? Lassen wir sie das selbst ausdrücken:

Was mir fehlt ... ist jemand, der mir das Gefühl gibt, die *Frau für ihn zu sein, die* einzige *Frau. Ja, mir fehlt ein Mann, der mich fühlen lässt, die wichtigste Person in seinem Leben zu sein.*

Interessanterweise spricht sie nicht davon, eine Beziehung zu suchen. Auch nicht davon, einen Mann lieben zu wollen, oder von der Sehnsucht, von einem Mann geliebt zu werden. Sie sehnt sich nach einem ganz bestimmten *Gefühl*, sie möchte fühlen, für jemand anderen die wichtigste Person seines Lebens zu sein.

Die Frau betont den emotionalen Aspekt ihrer Sehnsucht, der überaus bedeutsam zu sein scheint. Sie möchte für einen Menschen nicht bloß wichtig sein, ihre Erwartung ist sehr viel größer, sie möchte *die wichtigste Person* für ihn sein. Im Grunde sagt sie: »Ich brauche jemanden, für den ich wichtiger bin als alles andere.«

Mit dieser Sehnsucht, für einen anderen eine derart zentrale Bedeutung einzunehmen, ist die junge Frau nicht allein. So wie ihr geht es den meisten, die eine Beziehung suchen oder eine haben. Ich habe ihr Beispiel gewählt, weil ihre Worte so klar ausdrücken, was heutige Liebespartner generell suchen und woran sie Liebe erkennen.

Es geht im Kern dieser gegenwärtigen Liebe darum, sich gegenseitig etwas *fühlen* zu lassen, sich das Gefühl zu vermitteln, für den anderen eine ganz bestimmte, nicht zu übertreffende Bedeutung zu haben. Man könnte meinen, das wäre nichts Neues, weil Gefühle immer eine Rolle in der Paarliebe gespielt haben und Partner stets bedeutsam füreinander waren. Doch wie ich zeigen werde, handelt es sich hier um sehr spezifische Gefühle, die nicht durch bewährtes Paarverhalten hergestellt oder aufrechterhalten werden können. Und auch die gesuchte Bedeutung zielt auf etwas anderes ab, als das bisher der Fall war.

Es handelt sich bei den gesuchten Gefühlen um solche, die nicht durch Verlässlichkeit, nicht durch Vertrautheit, nicht durch gemeinsame Werte und geteilte Weltsicht, nicht durch Sex, nicht durch Freundschaft und geteilte Interessen, nicht durch gegenseitige Unterstützung und auch nicht durch Lebensbegleitung hervorgerufen werden – all das reicht nicht aus, um sich heute als ein Liebespaar zu empfinden. Allein durch Verlässlichkeit und wohlgesonnenes Verhalten kann man dem Partner nicht die spezielle Bedeutung signalisieren, die er ersehnt und an der er erkennt, geliebt zu werden. Es gehört mehr dazu, den Zweck der neuen Liebe, der Liebe von heute, zu erfüllen. Schauen wir uns das näher an.

Was heute für eine Liebesbeziehung nicht mehr ausreicht

Was kennzeichnet eine heutige Liebesbeziehung, was erfordert sie, und was ist unverzichtbar ist, damit sie sich bildet? Um diese Fragen zu beantworten, möchte ich von außen nach innen vorgehen. Dazu werde ich näher beschreiben, was ich bereits angedeutet habe: Paare können eine Menge miteinander teilen, ohne dass es für eine Liebesbeziehung ausreicht. Zwei *können ein Paar sein, ohne ein Liebespaar zu sein.* Um das zu zeigen, möchte ich sozusagen die äußeren Schalen einer Paarbeziehung ablösen, um schrittweise ihren Kern freizulegen, das, worauf es den Liebespartnern mittlerweile ankommt.

Bei der Freilegung des Kerns einer Liebesbeziehung werde ich in Kurzform der geschichtlichen Entwicklung der Paarbeziehung folgen, angefangen bei der Urzeit bis in die Jetztzeit hinein. Nebenbei wird auf diese Weise auch deutlich werden, dass Paarliebe nie über eine feste Form verfügte, sondern dass zu verschiedenen historischen Phasen etwas anderes darunter verstanden wurde. Zudem wird klar werden, dass die Paarliebe sich abhängig von den sozialen Umständen stets veränderte.

Es sind bestimmte Stationen, an denen ich Halt machen werde, und diese Stationen heißen: geschlechtliche, partnerschaftliche, freundschaftliche und schließlich emotional/leidenschaftliche Liebe.

Geschlechtliche Liebe

Die Singlefrau aus dem Eingangsbeispiel hat, so sagt sie, Sex. Weil sie sogar davon spricht, *guten Sex* zu haben, wird ihr auf dem Gebiet der Sexualität nichts Wesentliches fehlen. Um guten Sex zu erleben, nimmt sie weder Escortdienste noch professionelle Sexarbeit in Anspruch. Sie hat ab und zu Sex mit Fremden, also: One-Night-Stands. Noch öfter als solche Zufallsgeschichten praktiziert sie, weil ihr ausschließlich One-Night-Stands zu unpersönlich sind, Sex mit besten Freunden. Wenn ihr danach ist, ruft sie bestimmte Personen aus ihrem Freundeskreis an, mit denen sie sich erotisch gut versteht und mit denen sie frei von Komplikationen ihren sexuellen Bedürfnissen nachkommen kann. Die Angelegenheit verläuft komplikationslos, weil beide Parteien sich sympathisch sind und dennoch nur Sex und nichts anderes wollen. Das ist nichts Ungewöhnliches und bei dauerhaften Singles zunehmend verbreitet. Es gibt dafür den Begriff der »*friends with benefits*«, der Freunde mit Zusatznutzen. Man ist befreundet und hat sozusagen eine freundschaftliche Sexbeziehung, bei der klar ist, dass daraus nicht mehr werden wird.

Menschen, die solchen funktionellen Sex praktizieren, leben eine Verbindungsform, die ich als geschlechtliche Liebe bezeichne. Diese Verbindung dient vorrangig dem Zweck, sexuelle und erotische Bedürfnisse zu befriedigen. Über sexuelle Bedürfnisse verfügen wir Menschen in reichlichem Ausmaß. Die Evolution hat uns, um für die Reproduktion der Art zu sorgen, mit drängenden sexuellen Sehnsüchten ausgestattet, die seit jeher für eine starke Anziehung zwischen den Geschlechtern, teils auch zwischen Partnern des gleichen Geschlechts, sorgen. Die geschlechtliche Liebe stellt damit zweifellos die ursprünglichste Bindungsform zwischen Männern und Frauen dar, die erste Paarbeziehung.

Es gab also, lange bevor sich Familien oder gar Ehen bildeten, bereits Liebespaare. Allerdings war das keine Liebe im heutigen Sinn. Unter dieser ursprünglichen Paarliebe muss man sich aufgrund der damaligen Lebensverhältnisse etwas völlig anderes vorstellen. Wie waren diese Lebensverhältnisse in der Urzeit beschaffen, und wie sah die Paarliebe darin aus?

In Urzeiten lebten Menschen in Sippen oder kleinen Gruppen, in durch Verwandtschaft verbundenen sozialen Gemeinschaften. Die jeweilige Sippe oder Gruppe bot Schutz, Nahrung und soziale Kontakte und sorgte auf diese Weise für das Wohl und das Überleben ihrer Mitglieder. Wurden in den Verbänden Kinder gezeugt, waren diese nicht dem Paar zugedacht, das sie gezeugt hatte. Es gab ja weder die Ehe noch die Familie, und der Anteil des Vaters an einer Zeugung war lange Zeit unbekannt. Zudem existierte keine sexuelle Treueforderung, die eine Zuordnung der Kinder zu einem spezifischen Paar ermöglicht hätte. Daher gehörten die Kinder zu der Frau, die sie geboren hatte, zur Mutter und zur mütterlichen Sippe. Der leibliche Vater hatte ihnen gegenüber weder Pflichten noch Rechte, er war und blieb unbekannt, diente rein als Erzeuger und nahm als dieser in der Sippe der Mutter keine soziale Rolle ein.

Sicherlich gestalteten sich die Verhältnisse in den unzähligen Ethnien sehr unterschiedlich, und später sollten Kinder allgemein einem Paar zugeordnet werden, in der Anfangszeit war das aber offenbar nicht der Fall.

Die Beschaffenheit einer Paarbeziehung unter solchen Lebensumständen lässt sich beispielhaft anhand der Besuchsehe veranschaulichen. Diese ursprüngliche Form der Paarbeziehung existiert noch heute in entlegenen Teilen Chinas und in einigen Gebieten Afrikas.[1] In einer Besuchsehe kommt der Mann nach Einbruch der Dämmerung zur Frau und verbringt die Nacht mit ihr.

Die beiden lieben sich auf geschlechtliche, also auf körperliche Weise. Emotionen spielen in dieser Paarbeziehung allerdings keine große Rolle, können das auch nicht, da sich kein ausgeprägtes Gefühlsleben im heutigen Sinn entwickelt hat und Paarbeziehungen noch nicht mit viel Bedeutung aufgeladen sind. Vor allem haben sie keine existenzielle Bedeutung – und sollen diese auch nicht haben. Der Mann muss bereits im Morgengrauen das Bett der Frau verlassen und zu seiner eigenen Sippe zurückkehren. Er darf aus einem bestimmten Grund nicht zum Essen bleiben: weil er und die Sippe der Frau sich damit gegenseitig verpflichten würden. Das Verhältnis soll aber nicht materiell und nicht sozial verbindlich werden, es soll rein geschlechtlich und unverbindlich bleiben.

Was werden diese ersten Liebespartner miteinander gemacht haben? Sie werden sich geküsst haben, sie werden gelacht haben, sie werden zärtlich zueinander gewesen sein, sie werden Sex gehabt und vielleicht sogar Orgasmen erlebt haben. Das alles, aber nicht mehr. Denn für eine über die geschlechtliche Anziehung hinausgehende Verbindung wurde kein sozialer Raum zur Verfügung gestellt. Das hätte keinen Sinn ergeben. Die Liebespartner teilten weder den Lebensalltag miteinander noch trugen sie Verantwortung füreinander. Den über das Sexuelle hinausgehenden Bedürfnissen, seien sie sozialer oder materieller oder emotionaler Art, wurde getrennt vom Liebespartner in der eigenen Sippe nachgegangen.

Für Frauen barg diese Variante geschlechtlicher Paarliebe einige Vorteile. Sie waren weitaus autonomer, weil sie nicht in eine materielle Abhängigkeit zu ihrem jeweiligen Liebespartner gerieten, auch mussten sie sich nicht allein um ihre Kinder kümmern. Deren Versorgung übernahm ihre Sippe, zu der neben weiteren Frauen auch ihre Väter, ihre Brüder, ihre Onkel und alle anderen

Männer gehörten. Die spezielle Besuchsbeziehung zwischen einem Mann und einer Frau diente allein der geschlechtlichen Liebe und der Kindeszeugung, und sie hielt, wie es eine chinesische Ethnologin in Bezug auf die Besuchsehe ausdrückte, »solange es der Liebe gefällt«. Es war sogar erlaubt, mehrere Liebesbeziehungen gleichzeitig zu führen, und jeder Partner konnte eine Verbindung jederzeit auf eigenen Wunsch hin auflösen.

Auch in den Ethnien, die keine Besuchsehe kannten, waren die Paarbeziehungen meist nicht starr, sondern frei gewählt und auflösbar, und sie boten keine existenzielle Grundlage. Der Grund, warum Mann und Frau ein Paar bildeten, lag in den sexuellen und emotionalen Bedürfnissen, im Bedürfnis nach Sex und einer gewissen Intimität.

Die geschlechtliche Liebe stellte die erste Paarliebe dar. Als Liebesmotiv ist sie auch heute nicht aus der Welt, vielmehr erfüllt sie in Paarbeziehungen weiterhin ihre wesentlichsten Aufgaben. Neben ihrer Zeugungsfunktion dient sie nach wie vor der Erfüllung sexueller Bedürfnisse. Sexuelle Bedürfnisse haben beim modernen und aufgeklärten Menschen keineswegs nachgelassen, sie scheinen unter heutigen, oft als entfremdet bezeichneten Lebensverhältnissen, sogar noch wichtiger geworden zu sein. Sex ist für den naturfernen Menschen eine Quelle unmittelbar sinnlichen Erlebens, eine gute Möglichkeit, »aus dem Kopf« zu kommen, ins Hier und Jetzt zu gelangen und sich körperlich und emotional zu erholen.

Auf die Erfüllung sexueller Bedürfnisse und erotischer Leidenschaft wollen jedenfalls weder Singles noch Paare verzichten. Davon können Paarberater und Therapeuten ein Lied singen, da sie nicht selten damit beauftragt werden, zur Belebung einer abgeflachten oder zur Reanimation einer zum Erliegen gekommenen Paarsexualität zu verhelfen.

Geschlechtliche Liebe ist nach wie vor unverzichtbar, und ein heutiges Paar mag Sex haben, es mag sogar guten Sex haben. Aber fest steht auch: Sex allein macht noch kein Liebespaar. Ansonsten würden alle *friends with benefits* nicht Freunde bleiben, sondern einander Liebespartner werden. Und gute One-Night-Stands würden sich zu Paarbeziehungen entwickeln. Das ist aber nicht so. Im Gegenteil.

Partner, die sich gerade kennenlernen und die sich im Bett hervorragend verstehen, sind meist sehr enttäuscht, sobald sie feststellen, dass sonst nichts läuft. Zwei können sich im besten Sinne miteinander befriedigen, sie mögen sexuelle Sehnsüchte miteinander ausleben, aber wenn sie außer Sex nichts verbindet, fühlt sich ihre Beziehung alsbald leer an. Paarbeziehungen, die vorwiegend oder ausschließlich auf der Befriedigung sexueller Bedürfnisse aufbauen, halten meist nur kurze Zeit. Wenn sich keine weitere Bindung als die sexuelle einstellt, schwindet das Interesse aneinander.

So viel zur geschlechtlichen Liebe. Halten wir an dieser Stelle für unser Thema fest: Geschlechtliche Liebe ist möglich, sie kann wichtiger Teil einer Paarbeziehung sein, aber sie allein macht (heute) *längst* noch kein Liebespaar. Sex reicht dazu einfach nicht aus.

Partnerschaftliche Liebe

Geschichtlich ist die Paarbeziehung nicht bei der geschlechtlichen Liebe stehen geblieben. Im Laufe sozialer und wirtschaftlicher Entwicklungen entstand eine weitere Bindungsform zwischen Männern und Frauen, der neue Aufgaben zukamen.

Zu den wichtigsten Veränderungen der Lebensumstände gehörte, dass die Menschen sesshaft wurden und allmählich größere Sozialverbände entstanden. In diesen großen und – verglichen mit vormaligen Verhältnissen – sehr viel anonymeren Gemeinschaften bildete sich in einem langen Prozess privates Eigentum. Dieses geriet aus verschiedenen Gründen[2], die ich hier nur streifen kann, unter die Kontrolle der Männer.

Den Männern fiel im sozialen Gefüge eine besondere Aufgabe zu. Sie vertraten die sozialen Verbände nach außen hin, sie führten bewaffnete Auseinandersetzungen mit anderen Stämmen, und sie waren es auch, die Frieden schlossen. Damit hatten sie eine politische Schlüsselposition inne, denn die Außenbeziehungen wurden in den großen Gesellschaften immer bedeutsamer, über sie wurde Handel getrieben und Wohlstand geschaffen. So gelang es den Männern, die Verfügung über Eigentum zu erringen – und in der Folge davon mehr politische Macht innerhalb der sozialen Verbände an sich zu reißen.

Die Männer verfolgten dabei eigene Interessen. Sie waren wenig am Erhalt von Sippenstrukturen und der bisherigen, an der mütterlichen Linie ausgerichteten sozialen Ordnung interessiert. Ihr vorwiegendes Interesse bestand darin, das erworbene Eigentum für ihre eigene Zukunft abzusichern. Wenn Kinder jedoch weiterhin der mütterlichen Sippe zugeordnet blieben, würde deren Erbe auch dieser Sippe zufallen, und der Vater wäre im Alter um den Genuss seines erbeuteten oder erworbenen Vermögens gebracht.

Es gab für Männer nur eine Möglichkeit, ihren Besitz zu behalten. Er musste der männlichen Erblinie übertragen werden. Dazu musste das Kind dem Vater und nicht länger der Mutter zugeordnet werden. Nur wenn Kinder zu ihrem Vater gehörten und diesen beerbten, konnte dieser im Alter weiterhin an der von ihm erworbenen Macht und dem von ihm erworbenen Reichtum teilhaben. Aufgrund der Stellung der Männer, im Speziellen aufgrund der ihnen übertragenen Aufgaben der Kriegsführung und der Ordnung der politischen Außenverhältnisse, wurden die sozialen Verhältnisse nach und nach patriarchalisch.

Diese tief greifenden sozialen und wirtschaftlichen Veränderungen führten zur Aufwertung der Paarbeziehung, der fortan die Existenzsicherung übertragen war. Die Sippen verloren an Bedeutung, sie verloren auch ihre direkte Aufgabe des Lebenserhalts. Die einst rein geschlechtlichen Paarbeziehungen verwandelten sich in familiäre Versorgungsgemeinschaften, in denen eine Frau an einen Mann gebunden war. In der ehelichen Versorgungsgemeinschaft bildete sich die Rollenteilung zwischen Mann und Frau aus. Die Partner übernahmen ihre ihnen zugedachten Pflichten. Der Mann war fortan für die Außenbeziehungen, die Frau für die Innenbeziehungen der Familie zuständig.

Das neue Beziehungsgefüge erhielt schließlich die rechtliche Form einer Ehe. Mit der Ehe verbunden war eine strikte Treueverpflichtung für die Frau, denn nur wenn man die Kinder einem konkreten Paar zuordnen konnte, war es möglich, Ansprüche seitens unehelicher Kinder – also anderer Familien – auszuschließen.

Der Begriff »Ehe« bedeutet in seinem Ursprung »Vertrag«. Eine Ehe ist eine vertragliche, partnerschaftliche Vereinbarung und Bindung zwischen Mann und Frau. Diese Verbindung wurde ebenfalls als Liebe empfunden und bezeichnet, jedoch nicht als die ehemals sexuelle und »wilde«, sondern als eine partnerschaftliche und »kultivierte« Version der Liebe. Die partnerschaftliche Liebe beruhte auf Verlässlichkeit und auf der Erfüllung der Pflichten, die sich aus der Rollenzuweisung ergaben. Der Mann hatte die Familie zu ernähren und zu beschützen, die Frau hatte die Familie zu betreuen; und wenn beide das füreinander taten, liebten sie sich.

Wiederum zeigt sich, das unter Paarliebe damals etwas ganz anderes verstanden wurde als zuvor und erst recht, als wir es heute tun. Mit der partnerschaftlichen Liebe war die geschlechtliche Liebe natürlich nicht aus der Welt. Die sexuelle Verbindung wurde in der Ehe zwar auch gebraucht, allerdings nur zur Fortpflanzung, nicht zur Erfüllung sexueller und erotischer Bedürfnisse. Sexuelle und leidenschaftliche Liebe war in ehelichen Verbindungen sogar ungern gesehen, lange Zeit war sie moralisch und teilweise sogar rechtlich aus den Ehen verbannt. Das hatte seinen guten Grund. Denn Ehen waren als Versorgungsgemeinschaften auf Stabilität und Dauer ausgerichtet, und die geschlechtliche Liebe bestand allein, wie es die chinesische Ethnologin hinsichtlich der Besuchsehe ausdrückte, »solange es ihr gefiel«. Es war aufgrund ihrer Unzuverlässigkeit schlicht unmöglich, eine langfristig angelegte Paarbindung und die dahinter stehende soziale Ordnung auf geschlechtlicher Liebe und sexuellen Bedürfnissen aufzubauen.

Ehen – und damit das materielle und soziale Überleben der Familien – wurden von der launischen sexuellen Liebe gefährdet.

Nur – wohin mit den sexuellen Bedürfnissen? Die Lösung war pragmatisch. Die sexuelle Liebe wurde quer durch die Zeit außerhalb der Ehe gelebt.[3] Natürlich war das für Männer einfacher zu praktizieren, weil man ihren Ehebruch nicht an ihrem Bauchumfang ablesen konnte. Frauen hingegen wurden oft brachial am Seitensprung gehindert. Sei es, indem man sie durch Einschnüren der Füße im Wortsinn ans Haus band, sei es, indem man ihnen durch Beschneidung der Klitoris die Lust nahm oder sie auf andere Weise kontrollierte.

Geschichtlich hatte sich jedenfalls die partnerschaftliche Liebe durchgesetzt, und damit hatten Paarbeziehungen ihre ehemalige

Unverbindlichkeit verloren, sie waren verpflichtender und zugleich anspruchsvoller geworden. Auch heute besteht das partnerschaftliche Liebesmotiv weiterhin, die partnerschaftliche Liebe spielt sogar eine wichtige Rolle im Leben der Menschen. Es geht dabei zwar kaum noch ums materielle Überleben und um die gegenseitige Versorgung, vielmehr führen Ehepartner heute gemeinsame Projekte durch, von denen die Gründung einer Kleinfamilie eines der größten darstellt. Andere Projekte, die durch partnerschaftliche Liebe ermöglicht werden, sind beispielsweise gemeinsame Firmen, gemeinsame Kunstaktionen, gemeinsame wissenschaftliche Forschungen etc. Im Vordergrund steht vor allem aber das Projekt gemeinsamer Alltagsbewältigung und verlässlicher Lebensbegleitung.

Ein heutiges Paar mag daher eine gute Partnerschaft führen, die Partner mögen sich aufeinander verlassen können, sich vertrauen, sie mögen ohne Streit und Konflikte in tiefster Harmonie miteinander leben und im besten Sinn zusammenarbeiten. Sie mögen sich als Partner lieben. Das ist sicher eine ganze Menge. Nur: Selbst eine solch starke Bindung macht aus einem Paar noch kein Liebespaar! Davon zeugen jene zahllosen Paare, die in der Beratung folgende resignierte Aussage treffen: »Wir verstehen uns gut, wir streiten nie, wir ziehen am gleichen Strang, wir sind ein super Team. Aber mehr auch nicht.« Etwas fehlt. Das Viele genügt nicht, es muss heute schon mehr sein.

Halten wir an dieser Stelle für unser Thema fest: Selbst eine partnerschaftliche Bindung macht (heute) *längst* noch kein Liebespaar. Harmonie und gute Zusammenarbeit sind dafür einfach nicht genug.

Freundschaftliche Liebe

Schreiten wir in den sozialen und wirtschaftlichen Veränderungen bis nahe an die Jetztzeit voran. Naturgemäß wirken sich gesellschaftliche Entwicklungen, das haben die vorigen Abschnitte gezeigt, auf die Aufgaben von Paarbeziehungen und auf ihre Form aus. Die erste der Paarbeziehung zugewiesene Aufgabe war die Zeugung und Befriedigung damit verbundener sexueller Bedürfnisse. Die zweite Aufgabe war eine der Versorgung. Angestoßen durch soziale Veränderungen sollte eine weitere hinzukommen.

Die Entwicklung hin zur industriellen Produktion und zur globalen Wirtschaft hat die Welt verändert. Moderne Gesellschaften nehmen riesige Ausmaße an, es leben Millionen Menschen darin. Diese Sozialverbände sind so komplex, so unüberschaubar, dass sie nicht mehr zentral gesteuert werden können. Weil feudale Verhältnisse die Ökonomie und soziale Entwicklung behinderten, warf man diese über Bord und versucht es seither mit der Demokratie. Das heißt, die Gesellschaft wird nicht mehr durch Könige oder andere Herrscher gesteuert, sie steuert sich jetzt selbst, ähnlich wie ein Organismus das macht, wie es beispielsweise der menschliche Körper tut, indem seine einzelnen Bestandteile in Eigenregie miteinander kooperieren.

In den zahlreichen Bereichen der modernen Gesellschaft tauchen Individuen auf, die je nach ihrer Bedürfnislage darin tätig werden oder daraus verschwinden. Alle wichtigen Entscheidungsprozesse sind somit auf Individuen und deren Zusammenarbeit in Gruppen übertragen. Mit anderen Worten: Die Gesellschaft ist individualisiert. Es kommt auf den Einzelnen an. Dieser kann sich nicht mehr vorrangig zu einer Gruppe, Schicht oder Klasse zugehörig fühlen. Er ist auch nicht mehr an deren Verhaltensvorlagen gebunden, er muss sich vielmehr selbst orientieren.

Der moderne Mensch ist ein *Selbst* geworden. Er hat ein Selbstbewusstsein, er ist selbstverantwortlich, er muss selbstbestimmt sein, er muss sich ständig selbst optimieren, um sich selbst zu verwirklichen.

Es liegt auf der Hand, dass eine starre Struktur wie die bürgerliche Kleinfamilie unter diesen sozialen und wirtschaftlichen Umständen immer schwerer mithalten kann. Die Wirtschaft fordert Flexibilität, und da Männer und Frauen unabhängig voneinander bezahlte Arbeit annehmen können und das meist auch tun müssen, hat die arbeitsteilige Kleinfamilie ihre ursprüngliche Aufgabe als Versorgungsgemeinschaft längst eingebüßt. Jetzt versorgt sich jeder selbst, und der Staat sorgt für in Not geratene Einzelne und organisiert darüber hinaus die Kranken- und Altersversorgung der Individuen.

Das ist bemerkenswert, denn damit ist die Kleinfamilie von genau der zentralen Aufgabe befreit, für die sie einst geschaffen wurde! Eine Kleinfamilie ist zwar noch möglich, aber sie ist nicht mehr nötig, sie ist im Grunde verzichtbar geworden. Sie verfügt auch nicht mehr über die Kraft, Paare dauerhaft zusammenzuhalten. Selbst wenn ein Paar eine Familie gründet, stellt diese oft nur eine Episode im Leben der Einzelnen dar, weil die Familie nicht selten aufhört, wenn die Kinder aus dem Haus gehen. Nicht wenige gründen im Laufe ihres Lebens zwei oder gar drei Familien. Es gibt Patchworkfamilien und jede Menge Alleinerziehende.

Die Erosion der Kleinfamilie führt allerdings nicht zu einem Bedeutungsverlust von Paarbeziehungen. Das Gegenteil scheint der Fall zu sein. Paarbeziehungen werden in Zeiten zunehmender Individualisierung stark aufgewertet, denn sie werden unbedingt gebraucht – wenn auch zu anderen Zwecken als vorher.

Schaut man sich die Literatur zu Paarbeziehungen an, die vor oder kurz nach 1960/1970 verfasst wurde, wird diese neue Aufgabe recht exakt beschrieben. Den Paaren wird nun gesagt, geschlechtliche und partnerschaftliche Verbundenheit stünden nicht länger im Vordergrund. Jetzt müssten sie sich gegenseitig in ihrem »persönlichen Wachstum« unterstützen, sich dabei helfen, »persönliche Reife« zu erlangen. Es geht in der Paarliebe jetzt also um den Einzelnen, um sein Wohl und um seine Vervollkommnung als Individuum.

Diese Logik folgt der allgemeinen gesellschaftlichen Entwicklung. Da sich in der Gesellschaft mittlerweile alles ums Individuum und sein Selbst dreht, kann das in einer Paarbeziehung nicht anders sein. Sinn und Zweck der Paarliebe besteht fortan darin, dass ein Individuum ein anderes in seiner Individualität fördert und es dabei unterstützt, sein Selbst zu optimieren. Wenn zwei das machen, gilt das als Ausdruck von Paarliebe.

Nach der geschlechtlichen und der partnerschaftlichen Liebe war damit eine weitere Liebesform entstanden, die man als freundschaftliche Liebe bezeichnen kann. Wodurch zeichnet sich freundschaftliche Liebe aus? Freunde tun sich gegenseitig Gutes, und Partner, die sich freundschaftlich lieben, tun das auf einer sehr persönlichen Ebene. Diese persönliche Unterstützung ist von großer Bedeutung für den Einzelnen, denn der Partner wendet sich individuellen Belangen zu, die sonst kaum jemand interessieren, und lässt sich auf eine nahe Verbindung ein. In der freundschaftlichen Liebe teilen die Partner Interessen, führen gemeinsame Unternehmungen durch, bereichern sich und regen sich an. Sei es, indem sie Hobbys teilen oder sich für kulturelle, geistige, religiöse oder spirituelle Dinge begeistern.

Die freundschaftliche Paarliebe begegnet somit der Gefahr individueller Vereinsamung. Der aus Gruppen und festen sozialen Bezügen herausgefallene Einzelne soll eine innere Heimat im »Wir« finden, er soll sich psychisch in der »Nische der Paarbeziehung« einrichten. Gemeinsame Lebensbereiche, gemeinsame Freunde, eine gemeinsame Weltsicht und geteilte Werte setzen den Rahmen für diese Nische.

Die Aufgabe der Paarliebe ist damit eine psychische Aufgabe geworden. Die Partner verhelfen sich gegenseitig zu einem vollständigeren Selbst. Sie sind, das ist ein Begriff aus der Zeit um 1980, »Seelenpartner«. Ihr Auswahlkriterium setzt an der Persönlichkeit an, am Wesen des Partners. Der Partner soll andersartig sein, er muss über Eigenschaften verfügen, über die man selbst nicht ausreichend verfügt, damit man aneinander »wachsen« kann.

Typische Beispiele für solche komplementären Wesenszüge sind: ein bodenständiger Partner und einer, der das Leben leicht nimmt. Beide können voneinander profitieren, wenn sie sich zusammentun. Oder: ein tatkräftiger Partner und einer, der die Fähigkeit der Gelassenheit beherrscht. Beide können sich ergänzen, wenn sie sich verbinden. Freundschaftliche Liebe baut auf der Faszination auf, die vom Wesen des Partners ausgeht, auf seiner Andersartigkeit und den Möglichkeiten, sich psychisch aneinander zu bereichern.

War es das jetzt? Sind die Aufgaben der Paarliebe damit hinreichend beschrieben? Nein, denn seit einiger Zeit gilt: Auch die beste freundschaftliche Liebe macht *längst* kein Liebespaar mehr aus. Selbst wenn gemeinsame Interessen gelebt werden, wenn Weltsicht und Werte geteilt werden, wenn sich die Partner gegenseitig bei psychischer Reifung und persönlichem Wachstum unterstützen, indem sie ihre Stärken und Schwächen ausgleichen, reicht das für die neue Liebe nicht aus. Etwas fehlt dann immer noch.

Was fehlt?

Was fehlt dann noch? An dieser Stelle möchte ich auf das Eingangsbeispiel der Singlefrau zurückkommen. Diese Frau hat alles zur Verfügung, was bisher zusammen mit einer Paarbeziehung gedacht wurde. Sie hat einen tollen Job, ist materiell versorgt – und braucht dafür keine Beziehung. Sie hat Bekannte, mit denen sie viel unternimmt – ein Partner ist nicht zwingend notwendig, um ihren Interessen nachzugehen. Sie hat guten Sex und könnte, wenn sie wollte, auf diesem oder einem anderen Weg ein Kind bekommen – auch dafür benötigt sie keinen Partner. Sie hat beste Freunde, mit denen sie über alles reden kann, die sie in ihrer psychischen Entwicklung unterstützen – ein Partner ist hierfür ebenfalls nicht erforderlich. Sie spricht auch nicht davon, ein »Wir« aufbauen zu wollen, sie sehnt sich nicht nach der Zweisamkeit der Paarnische. Wozu braucht sie dann noch eine Beziehung? Ich erinnere an ihre Worte:

> *Was mir fehlt … ist jemand, der mir das Gefühl gibt,* die *Frau für ihn zu sein, die einzige Frau. Ja, mir fehlt ein Mann, der mich fühlen lässt, die wichtigste Person in seinem Leben zu sein.*

Was ihr fehlt, ist ein Gefühl. Das Gefühl, für jemand anderen die wichtigste Person zu sein. Diese Sehnsucht mag im ersten Moment wenig bedeutsam anmuten, ist es aber keineswegs.

Was in der Paarliebe dazugekommen ist

Zuvor habe ich gezeigt, dass sich die Funktionen der Paarliebe im Laufe der Geschichte beträchtlich gewandelt haben und dabei immer anspruchsvoller geworden sind. Der Paarliebe war zuerst eine geschlechtlich-sexuelle, dann eine partnerschaftlich-materielle und schließlich eine psychisch-freundschaftliche Aufgabe zugewiesen worden. Dabei ist die Entwicklung aber nicht stehen geblieben. Mittlerweile ist eine weitere Aufgabe hinzugekommen.

Einen Hinweis, um welche es sich dabei handelt, gibt bereits das Eingangsbeispiel der Singlefrau, die scheinbar alles hat und der dennoch etwas zum echten Glück fehlt. In ihrer wichtigsten Aussage sagt sie: *Mir fehlt ein Mann, der mich fühlen lässt, die wichtigste Person in seinem Leben zu sein.*

Es mag niemanden verwundern, wenn ein Single das Gefühl vermisst, für jemanden wichtig zu sein. Allerdings können auch Partner, die sich in einer Beziehung befinden, das gleiche Gefühl vermissen, und sie tun das gar nicht so selten. Wenn solche Paare eine Paarberatung aufsuchen, beklagen sie, sich »auseinandergelebt« zu haben. Das heißt nichts anderes als: Wir sind unwichtiger füreinander geworden, wir können uns nicht mehr das Gefühl geben, füreinander die wichtigsten Personen im Leben zu sein. Das Gefühl, für den Partner unwichtig oder zumindest unwichtiger geworden zu sein, macht sie unglücklich, und sie stellen die Beziehung infrage, weil sie keinen Sinn mehr darin sehen. Die Beziehung scheint auch dann sinnlos beziehungsweise zwecklos, wenn partnerschaftliche und freundschaftliche Verbindungen bestehen.

Singles, die für eine Person der wichtigste Mensch im Leben sein wollen, und Partner, die den Verlust dieses Gefühls beklagen – welcher besondere Sinn verbindet sich mit dieser Sehnsucht, für jemand anderes der wichtigste Mensch zu sein?

Geht man der Klage von Krisenpaaren nach, findet man stets die gleiche Begründung für das Unglück. Diese lautet in aller Regel: *Mein Partner sieht mich nicht, wie ich bin!*

Was der Singlefrau zum *echten Glück* fehlt und was Krisenpaare unglücklich werden lässt, ist im Grunde dasselbe. Weder Singlefrau noch die frustrierten Partner fühlen sich »gesehen«. Sich gesehen zu fühlen, so wie man ist, muss für die Einzelnen eine große Bedeutung haben. Das zeigt sich, wenn man die Frage umdreht. Was gäbe es der Singlefrau, wenn sie einen Mann hätte, der sie fühlen lässt, die wichtigste Person in seinem Leben zu sein? Und was gäbe es den Partnern in der unbefriedigenden Beziehung, wenn jeder so gesehen würde, wie er ist?

Beide, Singles auf Partnersuche und Partner in einer Krise, beschreiben das Ersehnte mit denselben Worten: »Dann könnte ich mich *ganz* geliebt fühlen.« Ebenso könnten sie sagen: »Dann würde ich mich *ganz* gesehen fühlen.« Oder: »Dann würde ich mich *ganz* gemeint fühlen.«

Diese Aussagen erscheinen auf den ersten Blick wenig spektakulär. Der Eindruck täuscht allerdings. Denn hier wird von den Menschen ein bedeutsamer Unterschied zwischen »Liebe« und »Ganzliebe« gemacht. Die hoch individualisierten Menschen unserer Zeit wollen sich nicht einfach geliebt, begehrt und gewollt fühlen. Sie wollen sich ganz geliebt, ganz begehrt und ganz gemeint fühlen.

Dieser scheinbar kleine Unterschied zwischen herkömmlicher Paarliebe und moderner Ganzliebe ist für die heutige Paarbeziehung ausschlaggebend, und es wird die zentrale Aufgabe dieses Buchs sein, ihn zu verdeutlichen.

Ganzliebe – das emotional/leidenschaftliche Element der Paarliebe

Halten wir fest: Es geht den heutigen Partnern nicht allein um Sex, Partnerschaft und Freundschaft, es geht um das Gefühl der Ganzliebe. Mit diesem Anspruch ist erstmals ein emotionales Element ins Zentrum der Paarliebe gerückt. Zum ersten Mal geht es im Kern der Paarliebe nicht um Bedürfnisse, Versorgung und Unterstützung, sondern um ein Gefühl.

- Wenn dieses Gefühl fehlt, nutzt es nichts zu sagen, wir haben es gut im Bett miteinander, wir sorgen füreinander, und du kannst tun, wonach dir ist. Das reicht nicht.
- Wenn dieses Gefühl fehlt, leben sich Partner auseinander, obwohl sie manche Bedürfnisse miteinander befriedigen, obwohl sie partnerschaftlich miteinander umgehen und obwohl sie sich gegenseitig in individuellen Belangen unterstützen.
- Wenn dieses Gefühl fehlt, können sich Partner in einer sozialen Nische einrichten, sie können die Wohnung, den Alltag und ihre Interessen miteinander teilen, sie können womöglich Kinder miteinander haben und sich dennoch nur halb geliebt fühlen.

Offenbar ist es in einer Paarbeziehung möglich, all das zu haben, was bisher zählte, und dennoch bleibt die Liebe zwischen den Partnern nicht bestehen, wenn das Gefühl fehlt, vom Partner »ganz« geliebt zu werden.

»Ich liebe dich« hat somit eine andere Bedeutung bekommen. Es bedeutet nicht mehr: Ich liebe dich, weil du mich sexuell begehrst, weil du mich unterstützt, weil du meinen Alltag teilst. Die geschlechtliche, die partnerschaftliche, ja sogar die freundschaftliche Liebe reichen nicht mehr aus. Es geht um eine zutiefst emotionale Liebe, *um die Leidenschaft für ein unverzichtbares Gefühl.* »Ich liebe dich« bedeutet heute: Ich liebe dich, weil du mir das Gefühl gibst, *ganz* gemeint zu sein.

Der Unterschied zur bisherigen Paarliebe liegt auf der Hand. Man könnte sagen, die heutige Paarliebe sei entmaterialisiert, sie sei von ihren bisherigen zentralen Aufgaben, den geschlechtlichen, den partnerschaftlichen und den freundschaftlichen Aufgaben, beinahe befreit.

Was ein Paar unter heutigen Umständen zu diesen Liebesformen hinzufügen muss, um ein Liebespaar zu sein, ist die emotional/leidenschaftliche Dimension der Liebe, eine Dimension, nach der zuvor wenig Bedarf bestand.

Was genau mit dieser Ganzliebe gemeint ist und wie sie hervorgerufen wird, dazu komme ich gleich, nachdem ich die Liebesformen, die sich heute in einer Paarbeziehung finden, dargelegt habe.

Welche Liebesformen es in Paarbeziehungen gibt

Damit keine Missverständnisse entstehen, möchte ich – bevor ich auf die Merkmale und Besonderheiten der emotional/leidenschaftlichen Liebe, der Ganzliebe, eingehe – klarstellen, dass die unterschiedlichen Formen der Paarliebe, wie ich sie hier beschreibe, nicht starr sind und nicht ausschließlich auftreten. Sie alle können in einer heutigen Paarbeziehung auftreten und dort eine wichtige Rolle spielen. Der neue Zweck der Liebe meint nicht, dass dies ihr einziger Zweck wäre. Was sich aber zu jeder Zeit stark verändert, ist die *Bedeutung*, die den einzelnen Liebesformen in der jeweiligen Gesellschaft zukommt. Diesbezüglich haben die traditionellen Liebesformen stark an Bedeutung verloren, während eine Paarbeziehung, die den Eindruck der Ganzliebe auslässt, auf Dauer nicht mehr als Liebesbeziehung empfunden wird.

Dieser Bedeutungswandel und der Aufstieg der »Ganzliebe« zum ausschlaggebenden Kriterium der Paarliebe sind hier wesentlich.

Die Bedeutung der Liebesformen

Wahrscheinlich hat es die eine oder andere Liebesform in unterschiedlicher Weise in den einzelnen gesellschaftlichen Entwicklungsstufen schon immer gegeben. Gerade die geschlechtliche

Liebe hat durch alle Zeiten bestanden, aber mit sehr abweichender Gewichtung. Am bedeutendsten war sie in den frühen Phasen der geschichtlichen Entwicklung, in denen Paarbeziehungen weder Versorgungs- noch psychische Aufgaben zugewiesen waren. Damals basierten Paarbeziehungen allein auf der geschlechtlichen Liebe.

Die partnerschaftliche Liebe entstand mit den großen Gemeinschaften und erfuhr ein Bedeutungshoch im späten Mittelalter und im folgenden Bürgertum. Ihre priorisierte Versorgungsaufgabe führte dazu, dass geschlechtliche Liebe und Sexualität in Paarbeziehungen abgewertet wurden. Von sexueller Leidenschaft getragene Liebe in der Ehe galt damals als schwere Sünde, die partnerschaftliche Existenzsicherung dominierte die Paarbeziehung, und dieser Forderung musste sich alles andere unterordnen. In der christlichen Ehe war die sexuelle Verbindung auf den Zeugungsakt als »eheliche Pflicht« reduziert. Diese eheliche Pflicht ist im Bürgerlichen Gesetzbuch übrigens noch heute festgehalten. Danach sind Ehepartner zur »ehelichen Lebensgemeinschaft« und damit zur »Geschlechtsgemeinschaft« verpflichtet, auch wenn es gegenwärtig keinen Anspruch mehr darauf gibt, dieses Recht durchzusetzen.

Kommen wir zur freundschaftlichen Liebe. Auch diese Liebesform wird in Paarbeziehungen nicht erst ab Mitte des letzten Jahrhunderts eine Rolle gespielt haben. Schon unsere Großeltern, Urgroßeltern und etliche Generationen davor werden versucht haben, sich gegenseitig Gutes zu tun und in der persönlichen Entfaltung zu unterstützen. Dennoch mussten sich damals freundschaftliche Ansätze der partnerschaftlichen Verbindung unterordnen, weil der Individualität im Vergleich zu heute wenig Wert beigemessen wurde. Es spielte schlicht keine Rolle, ob ein Mann seine Arbeit gern tat oder eine Frau ihre häuslichen Aufgaben freudig erfüllte. Begriffe wie »persönliches Wachstum« hätten Unverständnis und Kopfschütteln ausgelöst. An erster Stelle standen die Pflichten, die sich aus dem Versorgungszwang und der Rollenteilung ergaben. Das Vergnügen kam am Ende – wenn dafür noch Zeit und Raum vorhanden war. Erst mit der materiellen Unabhängigkeit der Partner, die mit der Industrialisierung ihren Anfang nahm und inzwischen als fast vollständig erreicht betrachtet werden kann, hat die freundschaftliche Liebe gegenüber der Versorgungsgemeinschaft an Bedeutung gewonnen.

Und wie sieht es nun mit der emotional/leidenschaftlichen Liebe aus? Sicher werden auch Gefühle in Paarbeziehungen schon seit alters her ihre Rolle gespielt haben. Allerdings war ihre Bedeutung im Vergleich zu heute sehr gering. Früher suchten die Eltern den zukünftigen Ehepartner aus, wobei emotionale Kriterien ganz sicher nicht den Ausschlag gaben, sondern rationale Überlegungen. In der bürgerlichen Welt sollte der Partner aus gutem Hause kommen, in bäuerlichen Kreisen sollte eine gute Partie gemacht werden, beim Adel spielten Aspekte wie Macht und Vermögen die Hauptrolle. Erst seit der Romantik setzte sich allmählich die Vorstellung durch, eine Ehe sollte auf Emotionen – auf wahrer Liebe – beruhen, und die Partner sollten einander selbst aussuchen, indem sie sich verlieben. Dennoch war es in breiten Schichten der Bevölkerung bis ins 20. Jahrhundert hinein noch üblich, dass die Eltern bei der Partnerwahl mitbestimmten oder zumindest ihr Veto einlegen konnten. Gefühle wurden – von den Angehörigen oder den Partnern selbst – bei der Partnersuche nur begrenzt berücksichtigt, sie gaben zumindest nicht den Ausschlag.

Diese Zeiten gehören in westlich orientierten Gesellschaften mit ihrer Sehnsucht nach einer emotional/leidenschaftlichen Liebe der Vergangenheit an. Heute spielen Gefühle zwar nicht die einzige, aber auf Dauer die größte Rolle in Paarbeziehungen.

Liebesmotive

Sieht man sich gegenwärtig auf dem Feld der Paarbeziehung um, entdeckt man eine schier unüberschaubare Kombination der beschriebenen Liebesformen. Dies mag die Konfusion erklären, die bezüglich der Paarliebe allgemein herrscht. Es ist inzwischen vollkommen unmöglich, klar und eindeutig zu definieren, wie eine Paarbeziehung beschaffen sein sollte. Jedes Paar entwickelt seine eigene Form, und selbst wenn ähnliche Begriffe genommen werden, um die Merkmale einer Paarbeziehung zu beschreiben, Begriffe wie Verlässlichkeit, Ehrlichkeit, Offenheit, Zuwendung oder Begehren, zeigt sich bei genauerem Hinsehen, dass jedes Paar etwas anderes darunter versteht und voneinander divergierende Erwartungen und unterschiedliches Verhalten damit verbindet.

Im Unterschied zu früher muss sich heute jedes Paar selbst darüber verständigen, welche Liebesformen in seiner Beziehung zum Tragen kommen. Die Beziehungsgestaltung ist *individualisiert.* Einst bekam ein Paar sozusagen einen stabilen Rahmen überreicht, in dem sich ein fertig gemaltes Bild der Paarbeziehung befand, an dem es sich orientieren musste. Heute erhält ein Paar Pinsel, Farbe, Leinwand und bestenfalls einen angedeuteten Rahmen, das Bild seiner Beziehung muss es selbst malen. Zudem wird es stets ein unvollendetes Bild bleiben, weil das Paar nie weiß, wie sich seine Beziehung zukünftig entwickeln und welche Liebesform darin an Bedeutung gewinnen oder an Gewicht verlieren wird.[4]

So findet man heute unter dem Begriff »Paarbeziehung« viel Verschiedenes, beispielsweise Beziehungen mit traditioneller Rollenverteilung, Beziehungen mit umgekehrter Rollenverteilung, Beziehungen mit Gleichheitsvorstellungen, distanzierte Beziehungen mit Schwerpunkt auf Bedürfniserfüllung, Beziehungen aufgrund von Wesensergänzungen, polyamore Beziehungsentwürfe und anderes mehr. Darüber hinaus wandeln sich die Formen von Paarbeziehungen, abhängig von individuellen Situationen und konkreten Lebensumständen. Man ist nicht mehr lebenslang auf eine Beziehungsform festgelegt, sondern kann in der einen Lebensphase die eine und in einer anderen Lebensphase eine andere Form bevorzugen.

Es gibt also nicht nur einen, sondern verschiedene Gründe, einen Partner zu lieben, wobei offen ist, unter welchen Umständen und wie lange die Motive bestehen bleiben. Für die Betroffenen spielt das keine Rolle, für sie fühlt sich erst einmal alles nach Liebe an. Und sie verstehen deswegen oft nicht, wenn sich ihre Liebe auflöst, weil sie die Motive, die zur Beziehung führen, nicht durchschauen.

Dass man jemanden lieben kann, mit dem man berauschenden Sex und befreiende Erotik erlebt, braucht nicht weiter erläutert zu werden. Paare, die im Überschwung solcher Hochgefühle heiraten, zusammenziehen und Kinder zeugen, können unter Umständen nach kurzer Zeit feststellen, dass sie auf Dauer weder partnerschaftlich zusammenpassen noch einander freundschaftlich gesinnt sind. Sie geraten in Machtkämpfe, und es dauert nicht lange, bis sie ihre Liebe niedergekämpft haben und auseinandergehen. Nach zwei oder drei Jahren beenden sie den Versuch, eine an sexuellen Bedürfnissen orientierte Liebe in eine funktionierende Lebensgemeinschaft umzuformen.

In bestimmten Lebenssituationen tendieren Partner dazu, für jemanden Liebesgefühle zu entwickeln, mit dem sie eine partnerschaftliche Aufgabe verbindet. Ein Beispiel dafür ist ein junger Therapeut, der in Deutschland keine Zulassung zum Kassensystem erhielt und damit beruflich vor dem Aus stand. Er verliebte sich in eine junge Österreicherin, die sich gerade in einer therapeutischen Ausbildung befand, und zog zu ihr nach Wien. In Österreich musste er lediglich eine kleine Eignungsprüfung ablegen, danach konnte er in seinem Beruf arbeiten. Nach vier Jahren hatte er eine erfolgreiche Praxis aufgebaut, seine Freundin hatte inzwischen ihre Ausbildung abgeschlossen und eine Anstellung in einer Klinik angenommen. Langsam, aber stetig rann den beiden nun ihre Liebe durch die Finger. Man kann das auch positiv ausdrücken: Ihre Beziehung hatte ihren partnerschaftlichen Zweck erfüllt, der darin bestand, sich gegenseitig auf die Beine zu helfen. Der Mann verliebte sich schließlich in eine andere Frau und trennte sich von seiner Freundin.

Manche Paare lieben sich, weil sie geistige, kulturelle oder andere Interessen miteinander teilen oder weil sie vom Wesen des Partners fasziniert sind. Ihre Liebe basiert auf freundschaftlichen Motiven. Auch diese Motive können obsolet werden, etwa, wenn eine Frau von der Bodenständigkeit ihres Partners fasziniert war, mittlerweile aber selbst bodenständiger geworden ist und ihn jetzt immer »langweiliger« findet. Gleiches gilt für einen Mann, der von der Leichtigkeit seiner Partnerin hin und weg war, inzwischen das Leben aber selbst locker nimmt. In solchen Fällen kann sich die Wesensfaszination auflösen, und wenn die Partner sonst nichts weiter miteinander verbindet, verflüchtigen sich auch die Liebesgefühle füreinander.

Zur emotional/leidenschaftlichen Liebe komme ich noch, hier sei nur daran erinnert, dass ihr Motiv die Sehnsucht nach der Ganzliebe ist.

Darüber, auf welche Motive sich ihre Liebe stützt, haben Partner meist keinen Überblick. Sie verlieben sich und entwickeln starke Gefühle füreinander. Ob diese Gefühle aufgrund sexueller, partnerschaftlicher, freundschaftlicher oder emotional/leidenschaftlicher Erwartungen entstanden sind, oder um welche Mischung der Motive es sich handelt, zeigt sich erst nach einer Zeit. Wenn es sich, was meistens der Fall ist, um eine Mischung verschiedener Bindungsmotive handelt, kann eine Bindungsform unter bestimmten Umständen für eine gewisse Zeit eine größere Bedeutung einnehmen, diese aber auch wieder verlieren.

Wenn Partner beispielsweise ein Haus gekauft haben, sie dann in einen finanziellen Engpass geraten und es ihnen schwerfällt, die Raten abzuzahlen, tritt die emotional/leidenschaftliche und auch die freundschaftliche Bindung in den Hintergrund. Noch deutlicher ist das, wenn Partner Kinder in die Welt gesetzt haben, die einen Großteil ihrer Zeit und Kraft in Anspruch nehmen. Dann scheinen andere Dinge wichtiger zu sein als die Liebesbeziehung. Die Partner konzentrieren sich auf ihr partnerschaftliches Familienprojekt. Wenn dann der finanzielle Engpass bewältigt ist oder die Kinder größer geworden sind, verliert die partnerschaftliche Bindung wieder an Bedeutung, und die emotional/leidenschaftliche Bindung wird wichtiger – und es bleibt für diejenigen zu hoffen, dass sie diese wieder aufleben lassen können.

Es sind demnach heute nicht nur die Liebesmotive, sondern ebenso die Liebesbiografien der Menschen vielfältig geworden. Festzuhalten bleibt auch, dass keines der Motive, weder die sexuelle noch die partnerschaftliche noch die freundschaftliche Liebe – und auch nicht die emotional/leidenschaftliche Liebe, wie ich später zeigen werde – für sich genommen mehr in der Lage ist, eine lange Liebesbindung zu garantieren.

Bei aller Vielfalt lässt sich allerdings eine zunehmende »Bedeutungshierarchie« beobachten. Am wenigsten bedeutet heute eine rein geschlechtliche Verbundenheit. Sex ist mit vielen möglich. Schon weitaus mehr bedeutet eine partnerschaftliche Verbundenheit, obwohl selbst diese mit unterschiedlichen Menschen möglich ist, wenn sie sich als verlässliche Partner erweisen. Bedeutender scheint eine freundschaftliche Verbundenheit, in der einer das Wesen des anderen und dessen individuelle Entwicklung fördert, denn eine solche Liebe ist mit relativ wenigen Menschen möglich. Am meisten aber bedeutet den heutigen Partnern die emotional/leidenschaftliche Verbundenheit, weil erst sie das Gefühl der Ganzliebe entstehen lässt. Und weil sich die Zahl der Partner, mit denen dies im Laufe eines Lebens erfahrbar wird, bestenfalls an einer Hand abzählen lässt.

Wieso scheint die emotional/leidenschaftliche Liebe zur bedeutendsten Liebesbindung aufgestiegen zu sein? Weil alle anderen Beziehungsformen den Paaren auf Dauer wenig bedeuten, wenn diese Verbindung fehlt.

Bemerkenswert ist, dass in Paarbeziehungen zwar unterschiedliche Liebesformen auftreten, dass sich diese aber weder gegenseitig bedingen noch einander ausschließen. Die Liebesformen können zusammen vorkommen, scheinen aber auch getrennt voneinander zu funktionieren. Dass man eine gute Partnerschaft hat, bedeutet nicht automatisch, dass sich freundschaftliche Liebe ergibt. Und wenn die sexuelle Verbindung gut ist, profitiert die Partnerschaft nicht davon. Ebenso schafft eine gute freundschaftliche Verbindung noch keine emotional/leidenschaftliche Liebe. Und von einer emotional/leidenschaftlichen Liebe profitieren weder die freundschaftliche noch die partnerschaftliche Verbindung zwangsläufig.

Selbstverständlich besteht die große Sehnsucht der Partner darin, alles miteinander zu teilen, was durchaus für eine kürzere oder längere Zeit möglich ist. Ich habe diese Sehnsucht als den AMEFI-Komplex bezeichnet, als die Vorstellung, **A**lles **M**it **E**inem **F**ür **I**mmer zu haben. Unabhängig von diesen Erwartungen stellt die emotional/leidenschaftliche Verbundenheit das Schwergewicht unter den Liebesformen dar, ihr wird mittlerweile quer durch die Gesellschaft die größte Bedeutung gegeben. Paare werden erst dann von einer *Liebes*beziehung sprechen, wenn sie eine intensiv emotional/leidenschaftliche Verbundenheit miteinander erfahren.

Paar oder Liebespaar?

Ein Paar kann die frühen Liebesformen in seiner Beziehung leben, ohne dadurch ein *Liebespaar* zu sein. Und es kann ein Liebespaar sein, ohne die frühen Liebesformen miteinander zu praktizieren. Mithin bedeutet dies, dass ein Liebespaar heute weder Interessen gemeinsam teilen noch den Alltag zusammen bewältigen muss. Beide können getrennte Freundeskreise haben, getrennte Konten und getrennte Wohnungen, und doch emotional/leidenschaftlich miteinander verbunden sein und sich gegenseitig das Gefühl der Ganzliebe vermitteln.

Wie stellt man fest, ob ein Paar ein Liebespaar ist? Das kann nur das betreffende Paar selbst. Die Partner können sich dazu fragen, *was sie zu einem Liebespaar macht.* Die Antwort auf diese Frage wird meist nicht lauten »Weil der Sex so gut ist«, auch nicht »Weil wir Geld zusammenschmeißen«, auch nicht »Weil wir Kinder gezeugt haben«, auch nicht »Weil wir gleiche Interessen haben«, und auch nicht »Weil du mich in meiner psychischen Entwicklung förderst«. Sondern sie wird in den meisten Fällen lauten: »Weil du mir das Gefühl gibst, so wie ich bin, geliebt zu sein.«

Wie kommt es zu dieser enormen Aufwertung des emotional/leidenschaftlichen Liebesbereichs? Wie konnten Gefühle ins Zentrum einer Paarbeziehung rücken? Wie erklärt sich die Möglichkeit emotional/leidenschaftlicher Liebe?

Das hat verschiedene Gründe. Dazu gehört auf jeden Fall die finanzielle Unabhängigkeit der Partner voneinander. Für heutige Paare gilt die Aussage: Ich brauche niemanden zum Überleben, das kann ich allein. Bedeutsam ist ein weiterer Grund. Damit Gefühle ins Zentrum einer Paarliebe rücken konnten, musste es sie erst geben, und damit es sie gibt, musste sich erst eine ausgeprägte Innenwelt bilden. Anders ausgedrückt: Damit Menschen »ganz« geliebt werden wollen, mussten sie erst fragmentiert, sozusagen in Teile gegliedert sein. Damit die emotional/leidenschaftliche Liebe gebraucht wurde, mussten zuerst Vereinzelte geschaffen werden.

Die zentrale Forderung der Ganzliebe, »Liebe mich so, wie ich bin!«, ergibt erst Sinn, seit Menschen über ein ausgeprägtes »Ich« verfügen, das sie von anderen »Ich« unterscheidet. Weil jeder im Kern anders ist als alle anderen, ist jeder auch in sich isoliert.

Materielle Unabhängigkeit, eine fragmentierte Psyche, die Entwicklung einer ausgeprägten Gefühlswelt, die Isolation des Einzelnen in seinem Ich – all dies lässt sich zusammenfassen in der Aussage: *Voraussetzung für die Entwicklung der emotional/leidenschaftlichen Liebe war die Ausbildung einer extremen Individualität.*

Im Zentrum der neuen Liebe – der Einzelne

Heutige Partner wollen auf eine bestimmte Weise geliebt werden, die in der Vorstellung der Ganzliebe formuliert ist. Die Forderung der emotional/leidenschaftlichen Liebe lautet, auf den Punkt gebracht:

- Du sollst mich lieben: So wie ich bin!
- Liebe mich: Aber nur um meiner selbst willen!

Es geht in der Paarliebe längst nicht mehr um materielle Themen, auch nicht mehr vorrangig um gegenseitige psychische Unterstützung, die heutige Liebe hat eine darüber hinausgehende Aufgabe. In ihr soll ein »Ich« oder ein »Selbst« geliebt werden. Im Zentrum der neuen Liebe steht der Einzelne, das Individuum. Erst mit seiner ausgeprägten Individualität entstand ein Bedarf nach Ganzliebe.

Dies bedarf einer eingehenderen Erläuterung, für die ich etwas ausholen möchte. Was soll man sich unter einem »Ich« beziehungsweise einem »Selbst« vorstellen? Wie entsteht ein Ich oder Selbst, und was sind seine zentralen Merkmale? Wozu hat sich eine ausgeprägte Individualität gebildet? Und wieso bedarf sie einer speziellen Form der Paarliebe?

Individuelle Identität

»Ich« beziehungsweise »Selbst« sind Begriffe, mit deren Hilfe ein Individuum beschrieben wird. Ein Individuum ist ein »Unterschiedenes«. Bei Wikipedia findet sich die Erläuterung »Unteilbares«, auch »Einzelding«, der Duden erklärt den Begriff mit »Mensch als Einzelwesen in seiner jeweiligen Besonderheit«.

Diese Ausführungen treffen den Sachverhalt gut. Denn eine moderne Gesellschaft setzt sich aus unzähligen einzelnen Menschen zusammen, von denen jeder völlig eigene Besonderheiten aufweist. Trotz ihrer großen Zahl lassen sich alle diese Menschen voneinander unterscheiden. Das ist möglich, weil jedem Menschen eine individuelle Identität zugewiesen wurde und er diese angenommen hat. Der Einzelne begreift sich als eine Person, die über einzigartige Charakteristika verfügt. Das bedeutet, dass der Einzelne anhand seiner individuellen Identität:

- von anderen als ein ganz bestimmter Mensch identifiziert werden kann,
- und dass er sich selbst von anderen Menschen unterscheiden kann.

Anhand einer individuellen Identität wird also eine doppelte Unterscheidbarkeit einzelner Individuen möglich. Der Einzelne kann von Außenstehenden als jemand Bestimmtes erkannt und angesprochen werden, was einen zielgerichteten sozialen Kontakt ermöglicht. Zum anderen kann der Betreffende anhand seiner individuellen Identität von sich als einem »Ich« oder »Selbst« reden. Er weiß sozusagen, wer er ist und was ihn von anderen unterscheidet, was ihm Orientierung verleiht und es ihm ermöglicht, sich »als dieser« zu verhalten.

Um unterscheidbar zu sein, braucht ein Individuum – die einzelne Person – zweierlei. Es braucht einen eigenen Namen und eine dazugehörende Erzählung. Den Namen bekommt es verliehen, die Erzählung liefert ihm seine persönliche Geschichte. Beides bezeichnet sehr genau, wer der Einzelne im Unterschied zu anderen Einzelnen ist.

Das hört sich vielleicht kompliziert an, aber die Sache ist im Grunde genommen einfach. Stellen Sie sich vor, Sie werden von jemandem gefragt: »Wer bist du?« Was antworten Sie jetzt? Wenn Sie Lust auf ein kleines Experiment haben, schließen Sie, bevor Sie weiterlesen, kurz die Augen und beantworten Sie diese Frage.

Wie können Sie sich beschreiben? Das geht nur, indem Sie Ihren Namen nennen und dazu eine Geschichte erzählen. Sie werden sagen: »Ich bin Kurt oder Petra, komme aus München oder Hamburg, habe studiert, arbeite in einer Bank und bin verheiratet.« Mit diesen wenigen Angaben ist Ihre persönliche Geschichte natürlich nur angedeutet, Sie könnten unendlich viele Einzelheiten erzählen, anhand derer Sie für andere und für sich selbst eindeutig identifizierbar sind. Möglicherweise gibt es etliche Kurts oder Petras aus München, die in einer Bank arbeiten und verheiratet sind. Aber es gibt nur einen Kurt oder nur eine Petra, der/die dazu noch Tennis spielt, gern Schokoladeneis isst, einen Autounfall überlebt hat, häufig ins Theater geht, sich mit Philosophie befasst, gegenwärtig bestimmte Gedanken und Gefühle hat, schon mehrmals verlassen wurde, sich womöglich nach einem neuen Partner sehnt ... und so weiter und so fort.

Die Begriffe »Ich« beziehungsweise »Selbst« bezeichnen übrigens ziemlich das Gleiche, wobei der Einzelne meist dann von seinem Ich spricht, wenn sich seine Erzählung auf flüchtige Zustände bezieht (»ich bin müde«, »ich bin hungrig«, »ich bin wach« ...), und von seinem Selbst, wenn seine Erzählung personale Besonderheiten beschreibt, also längerfristige Zustände (»mich zeichnet Ehrlichkeit, Offenheit, Zielstrebigkeit … aus«).

Identität und Verhalten

Heute ist jeder, zumindest in den westlichen Gesellschaften, ganz selbstverständlich ein Ich oder Selbst. Da übersieht man leicht, dass eine derartige individuelle Identität eine geschichtlich relativ junge Erscheinung ist, dass Individualität erst seit kurzer Zeit eine gesellschaftliche Bedeutung erhielt. Erst durch die Aufklärung verbreitete sich der Gedanke, dass der Mensch als Individuum handeln kann und für seine Entscheidungen selbst verantwortlich ist. Doch noch zu Kaisers Zeiten war eine ausgeprägte individuelle Individualität eine soziale Randerscheinung, die sich meist nur Künstler, Gelehrte oder andere Privilegierte leisten konnten. Die Mehrheit der Menschen war mit einer Gruppenidentität ausgestattet. Man war in erster Linie nicht ein »Ich«, sondern man war ein »Arbeiter« oder ein »Bürger« oder ein Angehöriger einer anderen sozialen Schicht. Als dieser unterschied man sich nicht wesentlich von anderen Mitgliedern der gleichen Gruppe. Man hatte zwar einen eigenen Namen, aber die Geschichten, die man über sich erzählen konnte, wichen kaum von den Geschichten anderer ab. Sicher gab es Individualität, aber diese war wenig ausgeprägt.

Die Differenz zwischen individueller Identität und Gruppenidentität ist deshalb bedeutsam, weil Identität das Verhalten der Menschen festlegt. Wer mit einer Gruppenidentität ausgestattet ist, kann sich nicht als »Einzelner«, sondern nur auf die gleiche Weise wie »die anderen« verhalten. Wer hingegen mit einer individuellen Identität versehen ist, kann sich als ein »Ich« beziehungsweise »Selbst« verhalten, also anders als die anderen. Seine Identität vermittelt dem Einzelnen demnach nicht nur, wer er »ist«, sondern darüber hinaus, wie er sich »als dieser« verhalten soll und kann und wie nicht. Beispielsweise, wie man sich »als Mann« oder »als Frau« verhält. Oder wie man sich als der verhält, der man zu sein glaubt, beispielsweise als »Kurt aus München« oder »Petra aus Hamburg« mit der jeweiligen persönlichen Geschichte.

Individualität ist sozial unverzichtbar

Genau in solcher Verhaltensorientierung liegt der Grund, warum moderne Gesellschaften unverzichtbar auf individuelle Identitäten – auf Individualität – angewiesen sind. Man kann heute niemandem mehr empfehlen, geschweige denn vorschreiben, wie er sich am besten verhält und was er tun darf oder nicht. Man kann niemandem sagen, was er im Leben anstreben soll, wo er wohnen soll, wie viele Kinder er in die Welt setzen soll, welchen Beruf er ergreifen soll, ob er sich scheiden lassen soll, ob er Aktien oder ein Haus kaufen soll, ob er fremdgehen soll, wie er gesund leben soll oder was sonst noch richtig für ihn ist und was falsch. Das alles muss er selbst bestimmen.

Das letzte große soziale Experiment, in dem versucht wurde, Gruppenidentitäten zu erhalten und individuelle Identitäten zu unterdrücken, ist mit den sozialistischen Staaten grandios und komplett gescheitert. Dieses Scheitern war unvermeidbar. Gesellschaften sind schlicht zu komplex geworden, sie sind im wahrsten Sinne des Wortes unüberschaubar. Das trifft schon auf ihre Gegenwart zu, und erst recht auf ihre Zukunft. Mit Fünfjahresplänen kann man nicht auf komplexe Verhältnisse eingehen und nicht die nötige Flexibilität aufbringen, mit der sich auf veränderte Bedingungen adäquat reagieren lässt. Und Menschen, die in der Lage sind, komplexe Situationen zu meistern und flexibel auf Lebensumstände zu reagieren, wollen sich von keinem ZK ihre Lebensweise vorschreiben lassen.

Niemand kann eine Gesellschaft als Ganzes erfassen, jeder überschaut nur kleine Ausschnitte des Ganzen. Daher kann auch niemand, weder ein König noch ein Präsident noch irgendein Komitee, die Gesellschaft steuern, indem er den Menschen vorgibt oder vorschlägt, wie sie sich zu verhalten haben. Die Gesellschaft steuert sich mittlerweile selbst, ähnlich wie der menschliche Körper das tut. Lange Zeit ging man in der Medizin davon aus, das Gehirn würde den Organismus steuern. Heute weiß man, dass der Körper ein »Orchester ohne Dirigent« ist, er steuert sich, indem seine Organe und Systeme aufeinander reagieren.

So funktioniert auch die Gesellschaft. Sie steuert sich, indem zahllose Individuen, die jedes für sich selbst festlegen, wer sie sind und was sie als diese tun und mit wem sie Gruppen bilden und mit wem nicht, miteinander kooperieren. Diese aufwendige Kooperation der Einzelnen ist in der modernen Gesellschaft unverzichtbar. Aber damit sie möglich wird, muss jeder Einzelne seinen eigenen Standpunkt bestimmen – eben seine Identität. Er muss sich selbst im Leben orientieren, sich selbst Ziele wählen, selbst Pläne schmieden, wie er diese Ziele erreichen will, und selbst herausfinden, wie er mit Fehlschlägen fertig wird und wie er mit anderen Menschen kooperiert. Er muss ein Selbst aufweisen.

Das Selbst – ein instabiler Entwurf

Halten wir fest: Bei einer Gruppenidentität kam es auf Anpassung und Gleichartigkeit an, diese Zeiten sind längst vorbei. Bei einer individuellen Identität hingegen kommt es auf Einzigartigkeit und Unterscheidbarkeit an. Damit sie trotz ihrer Komplexität funktionieren kann, hat die Gesellschaft jeden Einzelnen damit beauftragt, sich eine eigene Identität zuzulegen. Als Starthilfe zu diesem Projekt hat sie ihm einen Namen gegeben und ihm ein Geschlecht zugewiesen, ihm also gesagt, er sei eine Frau oder ein Mann. Darüber hinaus hat sie ihm Eltern zur Seite gestellt, die ihn zur Individualität ermuntert und die seine Einzigartigkeit liebevoll bestätigt haben. Zusätzlich liefern alle anderen Menschen Modelle für Einzigartigkeit, aus denen sich der Einzelne bestimmte Versatzstücke aussuchen kann. So ist im Laufe des Heranwachsens eine Vorstellung davon entstanden, wer man ist, eine Vorstellung von sich als einzigartigem Selbst, mit einer entsprechenden individuellen Denk-, Gefühls- und Verhaltensausstattung.

Mehr als eine Vorstellung ist so ein Selbst allerdings nicht! Man kann sein Selbst weder vorweisen noch kann man es anfassen, man kann lediglich eine Idee davon haben und davon erzählen. Wenn man lange Zeit nicht mehr von sich erzählt, läuft das Selbst Gefahr, zu verschwimmen. Deshalb sprechen wir alle gern von uns, entweder in direkter Weise, indem wir unsere Eigenarten durch Geschichten und Vorlieben herausstellen, oder indirekt, indem wir beschreiben, was wir falsch finden und wie wir *nicht* sind. Das Selbst muss ständig bekräftigt und beschworen werden, damit es stabil bleibt. Ein Selbst ist demzufolge eine ziemlich instabile Angelegenheit.

Es kommt für das Individuum aber noch dicker: Jeder ist nicht nur »Einer«, sondern »Viele«. Man mag sich für »Einen« halten, aber selbst das ist lediglich eine Vorstellung, wenn auch eine wichtige und notwendige. Unabhängig von dieser Vorstellung ist man nie nur »Einer« und nie »Derselbe«. Man ist ein egoistischer und ein mitfühlender, ein starker und schwacher, ein gesunder und kranker, ein optimistischer und niedergeschlagener, ein friedlicher und ein aggressiver, ein ehrlicher und ein lügender, ein fröhlicher und ein trauriger, ein mutiger und feiger, ein treuer und ein betrügender oder ein ganz anderer Mensch, je nach den Umständen und Situationen, in die man hineingerät.

Der individualisierte Mensch verfügt im Gegensatz zum Gruppenmenschen nicht mehr über einen festen Charakter oder eine klar definierbare Persönlichkeit. Wenn er »Ich« sagt, meint er damit in jedem Augenblick jemand anderen; und wenn er von seinem »Selbst« spricht, beschreibt er in jeder Lebenssituation oder -phase eine andere Person. Das Selbst setzt sich aus zahlreichen Selbstvorstellungen zusammen. Der Einzelne ist vielgesichtig. Das kann anders gar nicht sein, zumindest nicht in unserer Gesellschaft. Denn erst die Vielfalt psychischer Eigenschaften, über die ein Einzelner verfügt, ermöglicht flexibles Verhalten, mit dem man sich auf die gesellschaftliche Komplexität einstellen kann.

Die vielgesichtige Persönlichkeit des Einzelnen, seine multiple Persönlichkeit, ermöglicht es ihm, in der ebenso fragmentierten Außenwelt zurechtzukommen. Damit wird es für den Einzelnen aber schwieriger, mit sich selbst klarzukommen, mit seiner Innenwelt.

Die komplexe Innenwelt

Es macht einen großen Unterschied, ob ein Individuum von außen oder von innen betrachtet wird. Wenn man ein Selbst von außen betrachtet, kann man das Verhalten des Betreffenden wahrnehmen, nicht aber seine Innenwelt, die psychischen Zusammenhänge, die zu dem jeweiligen Verhalten führen. Vom Verhalten kann man lediglich Rückschlüsse auf Gedanken, Gefühle, Absichten etc. ziehen, sofern der soziale Kontakt ein Motiv dazu liefert. Die Wahrnehmung von außen ist zwangsläufig oberflächlich, sie kann den anderen kaum mehr als ansatzweise erfassen.

Anders verhält es sich, wenn ein Einzelner sich selbst betrachtet. Wenn er auf sich selbst schaut, nimmt er weitaus mehr als Außenstehende wahr. Er nimmt Gedanken und Gefühle, Absichten und Zustände wahr, Ängste, Hoffnungen, Sehnsüchte, Fantasien und mehr, und ihr Kommen und Gehen. Er nimmt zwar nur einen Teil all dessen wahr, was sich in seiner Psyche abspielt, aber es ist viel mehr, als ein Außenstehender erkennen kann.

Was der Einzelne an sich selbst nicht wahrnehmen kann, weil es die Fähigkeit seines Bewusstseins übersteigt, alles wahrzunehmen, was er ist, zählt er zum Bereich des Unbewussten. Auch dieses ist Teil seiner Innenwelt. Von dort aus können sich jeden Augenblick Wahrnehmungen ins Bewusstsein schieben oder daraus verschwinden. Bestimmte Wahrnehmungen, zum Beispiel Gedanken und Gefühle, können einander widersprechen, was innere Konflikte hervorruft, und diese bleiben Außenstehenden ebenso verborgen. Das meiste seiner Innenwelt zeigt der Einzelne nicht nach außen, weil er es nicht will, und vieles kann er nicht zeigen, selbst wenn er es wollte, weil er es nicht mitbekommt. Inneres kann grundsätzlich nicht gezeigt werden, denn Gedanken, Gefühle, Sehnsüchte, Empfindungen kann man nicht zeigen – man kann sie lediglich durch sein Verhalten symbolisieren. Also durch das, was man sagt und tut, und dadurch, wie man es sagt oder tut.

Die Isolation im Selbst

Was bedeutet das alles? Es bedeutet, dass Menschen zu keiner Zeit, wenn sie sich selbst betrachtet haben, auf eine vergleichbar verwirrende Innenwelt geblickt haben. Diese komplexe Innenwelt der Menschen ist eine relativ junge Erscheinung, ebenso jung wie das Phänomen der individuellen Identität, denn beides hängt untrennbar zusammen.

Die innere Vielfalt bereichert einerseits das psychische Erleben und ermöglicht eine nie dagewesene individuelle Erlebens- und Verhaltensfreiheit. Andererseits weiß der Einzelne, dass er sich von allen Menschen unterscheidet. Er weiß, dass es keinen anderen Menschen gibt, der wie er denkt, der wie er fühlt und der wie er handelt. Mit anderen Worten: Er weiß von seinem Alleinsein, von seiner absoluten und endgültigen Isolation in sich selbst.

Ein Individuum ist in seiner Psyche buchstäblich »eingesperrt«. Niemand kann seine Gedanken lesen, niemand seine Gefühle fühlen, niemand seinen Zustand und seine Beweggründe teilen. Niemand ist wie es. Der Einzigartige ist isoliert, er kann sich nicht mehr in einer Gruppe auflösen, er ist unwiderruflich mit sich selbst konfrontiert.

Diese – sich aus der ausgeprägten Individualität ergebende – starke Isolation scheint auf Dauer schwer erträglich zu sein. Beispielsweise werden Menschen, die sich selbst überlassen sind, die nur auf ihre eigene Innenwelt blicken können, in den meisten Fällen krank oder verrückt. Deshalb besteht eine effektive und von zahllosen Geheimdiensten angewendete Folter in der sensorischen Deprivation, einer Methode, bei der Menschen in dunklen und schalldichten Gefängnissen von allen Außenwahrnehmungen abgeschnitten sind, von Geräuschen, Gerüchen, Farben und vor allem von sozialem Kontakt. Der Mensch, dem nur die eigene Innenwelt zur Verfügung steht, verliert sich darin, er verliert sein Selbst.

Der einzige Weg für das Individuum, aus seiner psychischen Isolation herauszukommen, besteht darin, sich nicht auf sich selbst, sondern auf andere Menschen zu konzentrieren. Dies geschieht, indem man Beziehungen zu anderen aufnimmt. Beziehungen sind für Menschen unerlässlich, das war schon immer so. Aber auch die Form von Beziehungen hat sich im Laufe der geschichtlichen Entwicklung stetig verändert, und Beziehungen selbst erscheinen heute noch dringlicher als je. Es entspricht der Logik der Vorgänge, dass in einer komplexen Gesellschaft, die komplexe Psychen hervorbringt, auch die menschlichen Beziehungen komplexer gestaltet sind.

Dies ist ein weiteres Merkmal individualisierter Umstände: Komplexe Individuen müssen komplexe Beziehungen führen. Ausgeprägte Innenwelten und komplexe Beziehungen gehen Hand in Hand, und diese vielfältigen Beziehungen werden für die Vereinzelten zu einer Bedingung psychischer Stabilität. Nur im Kontakt mit anderen kann der Einzelne seinen Namen nennen, kann er bei seinem Namen genannt werden, nur dann kann er Geschichten erzählen, und nur dann findet er Zuhörer für seine Erzählungen über sich selbst.

Beziehungen sind sozial und psychisch lebensnotwendig. Die Frage ist allerdings, in welchem Verhältnis die Beziehungen, auf die der Einzelne zugreifen kann, zu seiner Innenwelt stehen. Diese Frage ist besonders für unser Thema, die Paarliebe, von großer Bedeutung. Schließlich gilt es die Frage zu klären, wozu die außergewöhnlichste aller Beziehungsformen, die emotional/leidenschaftliche Liebesbeziehung, gebraucht wird. Welche spezifische Aufgabe ist ihr zugewiesen, so spezifisch, dass sie zur bedeutendsten Liebesform aufgestiegen ist?

Schauen wir zur Klärung dieser Frage kurz unterschiedliche Beziehungsformen, auf die Individuen in modernen Gesellschaften zugreifen können, sowie deren Funktionen etwas genauer an.

Komplexe Beziehungen

Gesellschaften, in denen theoretisch Millionen Menschen in Kontakt kommen können, sind darauf angewiesen, den Umgang ihrer Mitglieder sinnvoll zu regeln. Jeder Einzelne verfügt über limitierte Ressourcen, über wenig Zeit und eine begrenzte Aufnahmekapazität, was so viel heißt wie: Nicht jeder interessiert sich für alles, das einen Einzelnen bewegt, was dieser über sich mitteilen oder man von sich selbst erzählen könnte. Die Kommunikation der Einzelnen findet daher in unterschiedlichen Beziehungsformen mit unterschiedlicher Funktion statt. Diese Beziehungsformen legen sich wie konzentrische Kreise um das Innerste des Individuums, um seinen individuellen Kern. Fangen wir im äußeren Kreis an:

Fremde. Die am äußeren Rand liegende menschliche Beziehung, also diejenige, die der Innenwelt des Einzelnen am fernsten ist, ist die Beziehung zu Fremden. Die meisten Mitglieder der Gesellschaft gehören zu dieser Kategorie. Die Beziehungsform »Fremde« ist für große Gesellschaften unverzichtbar, weil sie einen unverbindlichen Umgang miteinander ermöglicht. Mit Fremden teilt man nichts Persönliches. Bei ihnen versorgt man sich mit Informationen, etwa bezüglich des Arbeits- oder des Wohnungsmarkts, der Aktienkurse oder der Kosten der nächsten Urlaubsreise. Von Fremden kann man sich jederzeit distanzieren und sie links liegen lassen, für sie braucht man keine Verantwortung zu übernehmen. Auch wenn sie hungern oder ihre Wohnung verlieren, ist man nicht gezwungen, sich mit ihnen zu befassen. Bei Fremden kann man sich bei Bedarf aber mit neuen, etwas näheren Beziehungen versorgen, indem man sie besser kennenlernt. Wenn man ihnen näherkommt, hören sie auf, Fremde zu sein, und rücken einen Schritt dichter an das Innerste heran.

Bekannte. Lernt man Fremde besser kennen, werden sie zu Bekannten. Das bedeutet, dass die Mitteilungen, die man mit ihnen austauscht, ein wenig persönlicher werden. Man erzählt sich mehr voneinander. Beispielsweise was man tut, wo man wohnt, was einen interessiert, wofür man sich engagiert etc. Der Umgang mit Bekannten ist zwar immer noch unverbindlich, ermöglicht aber bereits gemeinsame Unternehmungen und einen lockeren und anregenden Austausch über Gott und die Welt. Verbringt man mehr Zeit mit Bekannten und versteht man sich mit ihnen, werden sie zuerst gute Bekannte, in einem weiteren Schritt dann zu Partnern.

Partner. Die nächste Beziehungsform ist partnerschaftlich, das heißt, dass die Mitteilungen darin verbindlicher werden. Partner legen sich auf etwas fest, sie verpflichten sich gegenseitig, sie führen gemeinsame Projekte durch. Dabei kann es sich um die Gründung eines Vereins, ein künstlerisches oder soziales Projekt oder sogar um die Gründung einer Familie handeln. Das Zentrale an dieser Beziehungsform ist, dass Partnerschaft etwas ermöglicht, das jemand allein nicht realisieren kann. Gleichwohl partnerschaftliche Mitteilungen und Vereinbarungen Verbindlichkeit schaffen und Zuverlässigkeit erfordern, muss man einem Partner nichts besonders Persönliches mitteilen, und man braucht sich auch nicht speziell für sein Befinden zu interessieren. Im Gegenteil. Gerade dadurch, dass diese Beziehungsform von sehr persönlichen Dingen verschont bleibt, wird die Zusammenarbeit zwischen Partnern berechenbar und verlässlich. Es sei nur an die Ehepartner des Mittelalters erinnert, denen es verboten war, leidenschaftliche Beziehungen miteinander zu haben, weil die launische und emotionale Leidenschaft die partnerschaftlich orientierte Versorgungsgemeinschaft der Ehe gefährdete. Eheliche Partner mussten nicht miteinander befreundet sein und brauchten sich nicht zu mögen. Es genügte, wenn sie »gut« zueinander waren, was so viel hieß, dass jeder seine Rolle erfüllte.

Freunde. Wohin mit persönlichen Dingen? Auch dafür gibt es eine Beziehungsform. Vertraut man sich mit persönlichen Dingen jemand an und dieser sich einem, verlässt man den partnerschaftlichen Bereich und schafft eine freundschaftliche Beziehung. In dieser Beziehungsform werden die Mitteilungen persönlicher und intimer. Freunde wissen Dinge voneinander, die kein Partner je erfährt. Man öffnet sich weiter, gerade besten Freunden gegenüber. Freunde tun sich gegenseitig gut, sie können Geheimnisse bewahren, sie verstehen und unterstützen sich, sie können sich manchmal ein Leben lang begleiten. Etliche Freundschaften halten sogar länger als die Liebesbeziehungen der Betreffenden.

Das wesentliche Merkmal von Freundschaft besteht in psychischer Nähe bei gleichzeitig relativer Unabhängigkeit. Für einen Freund braucht man keine materielle Verantwortung zu übernehmen, man muss seine sexuellen Bedürfnisse nicht befriedigen, man teilt den Alltag nicht mit ihm, man will ihn nicht ändern. Wenn man sich von den Problemen eines Freundes überfordert fühlt, hat man notfalls die Möglichkeit, ihn sich selbst zu überlassen oder an einen professionellen Problemlöser zu verweisen.

Es wird deutlich, dass die Mitteilung in den Beziehungsformen auf dem Weg von Fremden über Bekannte und Partner zu Freunden immer persönlicher, immer intimer, werden. Die Beziehungen rücken näher an den individuellen Kern heran, der Einzelne gibt Stück für Stück mehr von sich preis und wendet sich zugleich intensiver dem anderen zu. Wenn es allerdings keine weitere Beziehungsform gäbe, wenn mit Freundschaft das Ende des Möglichen erreicht wäre, bliebe der Einzelne mit dem, was ihn im Zentrum seines Selbst bewegt, allein. Er bliebe vor allem mit genau dem allein, was ihn zu einem Individuum macht: mit seiner ganz eigenen Unterschiedlichkeit.

Liebespartner. Damit der Einzelne in seinem Kern nicht sich selbst überlassen ist, hat die Gesellschaft eine weitere Beziehungsform geschaffen: den Liebespartner. Dieser wird aus dem einfachen Grund benötigt, weil niemand sonst etwas vom Innersten seines Gegenübers erfahren will. Kein Fremder, kein Bekannter, kein Partner – sie alle wären damit überlastet. Auch kein Freund oder bester Freund kann sich dem Innersten des Individuums in der Intensität zuwenden, die für den Einzelnen nötig ist.

Gäbe es den Liebespartner nicht, würde niemand auf den Kern der Persönlichkeit Bezug nehmen. Damit nähern wir uns dem eigentlichen Zweck der neuen Liebe, der speziellen Aufgabe, die die Ganzliebe zu erfüllen hat.

Die Aufgabe der neuen Liebe

Gäbe es den Liebespartner nicht, würde niemand auf den Kern der Persönlichkeit Bezug nehmen. Der Einzelne bliebe gerade mit dem, was ihn zu einem Individuum macht, allein. Die Gesellschaft hat somit nicht nur Individuen, sondern zugleich damit auch ein großes Individualisierungsproblem geschaffen.

Auftrag zur Ganzliebe

Die Gesellschaft muss mit einer komplizierten Lage umgehen. Um die vielfältigen Aufgaben in ihren zahllosen Bereichen bewältigen zu können, hat sie selbstverantwortliche Individuen erschaffen. Dazu musste sie Menschen aus vertrauten sozialen Zusammenhängen, aus festen Schichten und verlässlichen Gruppen, herauslösen und sich selbst überlassen. Sie muss nun verhindern, dass die Vereinzelten, die mit komplexen Innenwelten ausgestattet sind, mangels Zugehörigkeit und aufgrund der Isolation in sich selbst, psychisch auseinanderfallen.

Zur Lösung dieses Individualitätsproblems hat die Gesellschaft eine Liebesvorstellung entworfen, in der ein Individuum aufgefordert ist, sich »ganz« auf ein anderes Individuum zu beziehen – und umgekehrt. »Ganz« meint, sich für das zu interessieren, wofür sich sonst niemand zuständig fühlt. Für das Innerste.

Einer solchen Anforderung können nur einzelne Menschen nachkommen, das kann keine Gruppe übernehmen, dazu ist das Innerste einer Person zu vielfältig und die Aufgabe zu anspruchsvoll. Man kann einige beste Freunde haben, aber man kann nicht am Innenleben all seiner Freunde teilnehmen, jedenfalls nicht in der Tiefe und mit der Verbindlichkeit, in der ein Liebespartner das tun kann und tun muss, der den Auftrag zur Ganzliebe übernommen hat.

Der Auftrag zur Ganzliebe lautet: Wende dich dem Innersten deines Partners zu. Interessiere dich dafür, wie es dort aussieht, wo nur du Einblick erhältst. Nimm das, was dein Partner dir offenbart, bestätigend an. Bestätige seine Eigenarten, zeige darüber hinaus Verständnis für seine Macken. Lass ihm durchgehen, was kein anderer ihm durchgehen lässt. Gib ihm so das Gefühl, »ganz« geliebt und gemeint zu sein, und zwar nicht trotz, sondern gerade *wegen* seiner Unterschiedlichkeit und Einzigartigkeit.

Ich werde geliebt, also bin ich (einzig)

Dieser Auftrag ist an Bedeutung kaum zu überschätzen. Stellen wir uns einen Moment vor, niemand würde sich für die innersten Belange des Individuums, für seine kühnsten Träume, seine empfindlichsten Gefühle, seine größten Ängste und vagen Hoffnungen, seine Frustrationen und seine Lebenspläne und natürlich für seine erotischen und sexuellen Bedürfnisse interessieren. Dann wäre der Einzelne mit all dem allein. Das wäre so, als ob er in die Welt ruft und nirgends ein Echo hallt. Es wäre beinahe so, als gäbe es ihn nicht, weil eine Resonanz auf das fehlt, was ihn zu großen Teilen für andere und noch mehr für sich selbst ausmacht: seine Individualität, seine Verschiedenheit.

Wenn sich niemand für den individuellen Kern eines Menschen interessiert, dann kommt er mit dem, was ihn als Individuum auszeichnet, in der Welt nicht vor. *Dann »ist« er gewissermaßen nicht.*

Wenn etwas Intimes und zentral Wichtiges nicht wahrgenommen und nicht bestätigt wird, erhält es einen Charakter von Unwirklichkeit. Wenn sich hingegen jemand den Kernbereichen der Person liebevoll, also bestätigend zuwendet, dann gewinnt das Innerste an Bedeutung. Dann fühlt sich der Einzelne nicht »halb«, sondern »ganz«. Und das genau ist es ja, was der Liebespartner vermitteln soll: den Eindruck und die Gewissheit, als einzigartiger Mensch, als Individuum *ganz* geliebt zu werden.

Etwas überspitzt könnte man das so formulieren: »Ich werde geliebt, also bin ich.« Natürlich »ist« man auch, wenn man keinen Liebespartner hat. Aber dann ist man »jemand«, eventuell »jemand Bestimmtes« – doch nicht »jemand Einzigartiges«. Und man muss mit vielem allein zurechtkommen.

Insofern ist die moderne Liebe selbst-konstitutiv. Ihr Zweck besteht darin, ein anderes Selbst zu bekräftigen und zusammenzuhalten. Das gelingt ihr, indem sie der geliebten Person die Gewissheit vermittelt, für die liebende Person bedeutend, quasi unverzichtbar zu sein.

Das Selbst mit Bedeutung versorgen

Daher stammt die Sehnsucht der Singlefrau aus dem Anfangsbeispiel, die sagt: »Mir fehlt ein Mann, der mich fühlen lässt, *die* wichtigste Person in seinem Leben zu sein.« Sie könnte ebenso sagen: »Mir fehlt jemand, der mir durch seine Liebe zeigt, dass ich (als Individuum, als Einzelne und in meinem Kern Vereinzelte) *bedeutsam* bin.«

Wie wäre es für den Einzelnen ohne einen Liebespartner? Wer würde die Sorgen, Nöte, Hoffnungen, Sehnsüchte, das Bett mit ihm teilen? Für wen wäre er ähnlich bedeutsam, wer würde sich für ihn als »ganzen« Menschen interessieren?

Die neue Liebe versorgt die Individuen mit Bedeutung. Darüber hinaus muss sie dies auf eine Weise tun, die nicht nach Funktion aussieht, sondern frei von jedem Zweck zu sein scheint. Diese emotional/leidenschaftliche Liebe darf nicht vermitteln: »Ich liebe dich, weil du mich bestätigst und weil du mich mit Bedeutung versorgst.« Sie muss vielmehr zu verstehen geben: »Ich liebe dich *um deiner selbst willen* – weil du so bist, wie du bist.«

Würde die Liebe lediglich beteuern: »Du bedeutest für mich jemand, mit dem ich ins Bett gehe, jemand, mit dem ich Interessen teile, jemand, mit dem ich den Alltag organisiere«, würde das nicht reichen. Dann würde sich der Anschein einstellen, beliebig und austauschbar zu sein, denn so etwas kann man auch mit anderen tun. Die heutige Liebe darf aber nicht beliebig erscheinen, sie muss »für mich« und »für dich« und *nur* für dich und *nur* für mich gemeint sein, sonst wird sie nicht als Liebe erkannt und bezeugt nicht die benötigte Bedeutung.

Die neue Liebe versorgt das Individuum mit Bedeutung und stärkt sein Selbst. Aber wie geschieht das? Dazu gibt es verlässliche kommunikative Mittel, durch die das Selbst jene intime Bestätigung erfährt, der es bedarf.

Die Mittel der neuen Liebe

Lassen Sie mich diese Mittel anhand einer modernen Erscheinung erläutern, die ebenfalls mit der zunehmenden Individualisierung zusammenhängt. Die Individualisierung hat ein soziales Phänomen entstehen lassen, das es in diesem Ausmaß bisher nicht gab: das Phänomen der öffentlichen Selbstinszenierung.

In Fernsehtalkshows, in Casting-Shows, noch intensiver in den Social Media und mittels Milliarden von Videos und Selfies inszenieren sich die Einzelnen. Sie stellen sich der Öffentlichkeit auf möglichst originelle Art und Weise dar. Man mag dieses Phänomen belächeln, aber es transportiert das gleiche starke Bedürfnis, das ich bereits oben angesprochen habe: das Bedürfnis, sein Selbst zu festigen.

Ich erinnere daran, dass das Selbst eine erzählte Geschichte ist, die eine Vorstellung von sich selbst entstehen lässt. Das trifft auch für die virtuelle Welt zu. In den Selbstinszenierungen der virtuellen Welt erzählen die Menschen per Wort und Bild Geschichten über sich. Sie zeigen sich der Welt, und sie wollen von ihr und von ihren virtuellen »Freunden« im Netz gesehen werden. Das Ziel besteht darin, ähnlich wie in einer Liebesbeziehung, sich auf diese Weise mit Bedeutung zu versorgen. Den benötigten Bedeutungsgewinn ziehen sie aus den Klicks oder Likes, die ihre Selbstdarstellung auf sich zieht. Frei nach dem Motto: »Ich werde geliked, also bin ich.« Stolz verkünden sie: »Ich habe schon 600 Freunde und 7000 Likes.« Natürlich bildet eine solche virtuelle Inszenierung nicht die Tiefe einer Person, sondern ihre Oberfläche ab. Aber das damit erreichte vermeintliche oder tatsächliche Feedback genügt, um ein Gefühl von Bedeutung auftreten zu lassen, und auf dieses Gefühl kommt es dem Einzelnen an. Ich zeige mich, ich werde gesehen, ich werde geliked, also bin ich.

Auf der tiefsten Ebene individuellen Seins, im Kern der Person, greifen nun exakt dieselben Mechanismen. Auch in der Liebesbeziehung – und gerade dort – kommt es darauf an, sich dem Partner zu präsentieren und ihm Geschichten über sich zu erzählen. Allerdings nicht irgendwelche Geschichten, sondern *Geschichten aus dem Innersten.* Diese Mitteilungen folgen einer nachvollziehbaren Logik: Was nutzt die schönste und einzigartigste Individualität, wenn niemand von ihr erfährt, wenn niemand sie wahrnimmt, wenn sich niemand positiv auf sie bezieht, wenn niemand sie vorbehaltlos bestätigt, wenn sie für niemanden (unverzichtbar) wichtig ist?

Sich zeigen und gesehen werden

Wer Bedeutung in Bezug auf seinen individuellen Kern sucht, muss sich einerseits dem Partner zeigen, damit dieser ihn sehen kann. Und damit der Partner sich andererseits für ihn interessiert und seinen Geschichten lauscht, muss er sich dem Innersten des Partners zuwenden.

Die Mittel der neuen Liebe lauten *sich zeigen und gesehen werden* oder *offenbaren und zuwenden.*

Die neue Liebe erfordert eine spezielle Kommunikation, wie sie nur in der intimen Beziehungsform »Liebespartner« geführt wird, die Kommunikation innerster Vorgänge. Wer das nicht tut, wer sich nicht selbst offenbart und sich dem Partner nicht zuwendet, kann unter den heutigen Umständen kaum mehr Liebespartner sein. Und wenn Partner nach der Anfangszeit ihrer Beziehung damit aufhören, sich intime Geschichten zu erzählen und den innersten Bewegungen des Partners zu lauschen, hören sie auf, einander Liebespartner zu sein.

Sich zeigen und gesehen werden, Offenbarung und Zuwendung, sind die Mittel der neuen Liebe, mit denen Partner gegenseitig ihr Selbst bestätigen und sich mit Bedeutung versorgen. Die emotional/leidenschaftliche Dimension der Paarliebe, auf die es heute in erster Linie ankommt, entsteht durch Offenbarung und Zuwendung. Offenbarung und Zuwendung im Innersten schaffen jene Intensität, die den Einzelnen davon überzeugt, »ganz« geliebt zu sein.

Nun mag man einwenden, das Bedürfnis, sich ganz geliebt zu fühlen, wäre doch immer schon vorhanden gewesen, auch die Eltern oder Großeltern hätten sich ganz geliebt.

Das mag sein. Aber um dieses Gefühl zu erhalten, brauchten sie sich nicht über innere Vorgänge auszutauschen. Ihnen genügte dafür eine partnerschaftliche Verbindung. Sie haben sich beispielsweise nie vorgeworfen: »Du siehst mich nicht.« Sie haben sich nicht gefragt: »Bist du glücklich, geht es dir gut, was kann ich für dein psychisches Wohlbefinden tun?« Sie haben nicht nach persönlicher Bestätigung gesucht. Sie haben sich nie gegenseitig ins Innerste geleuchtet, sie haben nie ihre Individualität in das Zentrum der gegenseitigen Betrachtung gesetzt.

Heute scheint das unabdingbar. Damit dreht sich zum ersten Mal in der Paarliebe alles um Gefühle: um das Gefühl, für jemand bedeutend zu sein, die wichtigste Person zu sein, um das Gefühl, ganz, mit allem Drum und Dran, geliebt zu werden, um das Gefühl, so wie man ist, geliebt zu sein. Alle anderen Verbindungen, die sexuelle, die partnerschaftliche und die freundschaftliche Verbindung, haben demgegenüber an Bedeutung verloren.

Die Frage ist allerdings, wie man es hinbekommt, jemanden »ganz« zu lieben.

Wie eine emotional/ leidenschaftliche Liebe entsteht

Wie also bekommt man es hin, jemandem das Gefühl zu geben, ihn *ganz* zu lieben? Die Frage sollte noch spezifischer formuliert werden: Wie bekommt man es hin, jemandem das Gefühl zu geben, ihn *ganz* zu lieben, den man kaum kennt? Immerhin lieben sich Partner in den meisten Fällen schon nach Tagen, Wochen oder wenigen Monaten, sofern sie sich nicht schon auf den ersten Blick ineinander verliebt haben.

Darüber hinaus muss gefragt werden: Kann man jemanden überhaupt »ganz« kennen? Das muss bezweifelt werden. Ansonsten würden Partner schon nach geraumer Zeit wissen, auf wen sie sich eingelassen haben, und müssten sich nicht irgendwann sagen hören: »So kenne ich dich nicht.« Oder: »Jetzt lerne ich dich erst wirklich kennen.« Man lernt den Partner nie wirklich und schon gar nicht ganz kennen, aber man kann das offenbar glauben. Und daher kann man auch ebenso davon überzeugt sein, man könnte seinen Partner »ganz« lieben, und man würde von ihm »ganz« geliebt werden.

Bei der Ganzliebe handelt es sich nicht um eine Tatsache, sondern um einen *Eindruck*, ein Empfinden, eine Überzeugung, ein Gefühl. Dieser Eindruck entsteht nicht zufällig, sondern er wird durch eine spezielle Kommunikation hervorgerufen, die dem Einzelnen durch unsere Kultur, durch Romane, Gedichte, Filme oder Erzählungen, und selbstverständlich durch Modelle und Beispiele aus dem sozialen Umfeld vermittelt wird.

Die Gesellschaft hat nämlich nicht nur eine Liebesvorstellung entwickelt, die zwei Individuen zur gegenseitigen Ganzliebe verpflichtet, sie liefert darüber hinaus die nötige Gebrauchsanweisung für das Kunststück, diesen Eindruck entstehen zu lassen.

Heilsamer Schwindel

Wozu leitet diese Gebrauchsanweisung an? Diesbezüglich können wir uns von Heiratsschwindlern und Heiratsschwindlerinnen beraten lassen. Diese beherrschen die Kunst, jemanden verliebt zu machen, und sie wenden ihr Wissen bewusst zur Täuschung ihrer Opfer an. Wie gehen die Liebesbetrüger dabei vor?

Voraussetzung auch für Heiratsschwindel ist natürlich, dass das Opfer eine gewisse Sympathie und Offenheit für den Schwindler zeigt. Der erfahrene Schwindler versucht als Erstes, diese Sympathie zu erheischen. Wird ihm Offenheit signalisiert, genügt das dem Täter, um an seinem Opfer »anzudocken« und eine Beziehung aufzubauen. Das macht er, indem er sich auf sein Opfer einstellt. Er zeigt uneingeschränktes Interesse am anderen, an dessen Gedanken, Gefühlen und Wünschen. Er lauscht dessen Geschichten und erzählt selbst dazu passende. Träumt das Opfer davon, eine Weltreise zu machen, wird der Schwindler inständig beteuern, genau das wäre seine größte Sehnsucht, er hätte bisher nur noch nie jemand getroffen, der diese Sehnsucht teilt. Erzählt das Opfer von seiner Einsamkeit, wird der Schwindler sein Mitgefühl beweisen, indem er von Phasen großer Einsamkeit berichtet, die er selbst durchlebt hat. Oh, er versteht, was sein Opfer bewegt. Träumt das Opfer von einer Schulter, an die es sich anlehnen kann, stellt er seine versuchsweise zur Verfügung. Oh, er teilt Bedürfnisse, Hoffnungen und Empfindungen. Er hat zufällig identische Ansichten und Abneigungen. Oh, er sieht die Welt mit den gleichen Augen. Hat das Opfer Angst, sich auf Liebe einzulassen, gibt er ihm alle Zeit. Er will nichts für sich, nein, nur der andere zählt. Bis »es« schließlich geschehen ist, bis beim Opfer der Eindruck entstanden ist, »ganz« geliebt zu sein und es sich in den Betrüger verliebt hat.

Der spezielle Trick von Heiratsschwindlern besteht darin, sich ausschließlich auf *Verbindendes* zu beziehen. Sie haben ein gutes Gespür dafür, was das Opfer zeigen will, und dem wenden sie sich zu. Was es nicht hören oder sehen will, das halten sie zurück. Was es gut findet, bestätigen sie, und was es nicht mag, mögen sie auch nicht. Die Kommunikation der Heiratsschwindler ist völlig auf die individuelle Bestätigung und die Versorgung mit Bedeutung ausgerichtet, denn danach sehnt sich ihr Opfer zutiefst, so sehr, dass es zu gern bereit ist, dem Täter zu trauen und zu glauben, es, also das Opfer, bedeute dem Schwindler alles.

Diese Gebrauchsanweisung zum Erzeugen des Eindrucks einer Ganzliebe funktioniert. Beim Heiratsschwindler funktioniert sie allerdings nur in eine Richtung. Er selbst kann sich nicht willentlich in sein Opfer verliebt machen, aber das ist ja auch nicht seine Absicht. Im Gegenteil. Wenn das passiert, stellt es einen Betriebsunfall dar, denn dann scheint es kaum noch möglich, das Opfer wie geplant auszunehmen.

Selektiv kommunizieren

Auch ehrliche Menschen verhalten sich entsprechend der sozialen Gebrauchsanweisung zur Ganzliebe, nur müssen es dann beide Partner tun. Die zentrale Anweisung lautet, kurz gefasst: »Bezieht euch auf Verbindendes, lasst Trennendes außer Acht. Kommuniziert selektiv!«

In der Tat ist die Kommunikation von Verliebten in hohem Maße selektiv. Was einer zeigt, wird vom anderen wohlwollend oder begeistert aufgenommen. Was den einen oder anderen stört, wird übersehen oder unterbewertet. Dadurch wird der Prozess des Offenbarens und Zuwendens enorm erleichtert, er wird durch keinerlei Irritation, Kritik oder Ablehnung gestört. So kommt es, dass Verliebte schon nach kurzer Zeit den felsenfesten Eindruck haben, sich *total* zu verstehen, sich *ewig* zu kennen und sich *ganz* gemeint zu fühlen. Es ist, als ob sie *füreinander bestimmt* wären, als ob sie *alles* voneinander wüssten, als ob sie sich *vollkommen* verstünden, und das sogar wortlos.

Diese selektive Kommunikation macht sehr viel Sinn. Gäbe es sie nicht, würden wohl nur wenige oder gar keine Liebesbeziehungen entstehen. Nähmen die Partner schon anfangs Trennendes in den Blick, gäbe es vielleicht partnerschaftliche Bindungen, arrangierte Ehen, aber sicher keine Liebesbeziehungen. Um zu einer Liebesbeziehung zu gelangen, brauchen Partner die »Gnade der Blindheit«.

Das lässt sich anhand der Probleme dauerhaft suchender Singles erläutern. Diese lernen zwar ständig potenzielle Partner kennen, aber es kommt keine Beziehung zustande. Die Ursache dafür liegt darin, dass diese Singles nicht selektiv, sondern umfassend kommunizieren. Sie fokussieren nicht allein auf Verbindendes, sondern suchen mehr noch nach möglichen Differenzen, nach Trennendem. Das tun sie aus Gründen der Vorbeugung. Sie wollen wegen vergangener Erfahrungen, beispielsweise erlittener Verletzungen oder gescheiterter Beziehungen, auf Nummer sicher gehen und »checken« den Partner nach für sie bedrohlichen Merkmalen ab. Sobald sie etwas entdecken, das ihnen missfällt, wird ein No-Go daraus, ein Ausschlusskriterium für eine Beziehung. Raucher? Das geht gar nicht! Sportler? Danke, habe ich schon gehabt! Rechtschreibfehler in der E-Mail? Ungebildet! Handy am Gürtel? Noch so ein Prolet! Keine Zeit in der Woche? Der meint mich nicht! Auf diese Weise wird der potenzielle Partner konsequent aussortiert.

Diesen Singles ist aufgrund vorausgegangener Erfahrungen die Gnade der Blindheit abhandengekommen. Statt ein Auge zuzukneifen, reißen sie beide Augen auf. Auf diese Weise bleiben sie auf der Suche nach dem perfekten Partner letztlich allein und landen schließlich in der Endstation Sehnsucht.[5]

Wer also einen Liebespartner sucht, sollte sich besser an die Gebrauchsanweisung zum Verlieben halten. Er darf nicht nach Unterschieden suchen, sondern muss sich auf Gemeinsamkeiten beziehen. Er kann zwar Trennendes wahrnehmen, muss es aber aus der Kommunikation heraushalten oder es mit einer geringen Bedeutung versehen. Raucher? Macht nichts, hört bestimmt bald damit auf. Handy am Gürtel? Gewöhne ich ihm ab.

Das Rezept, Trennendes auszublenden und so das Gefühl der Ganzliebe zu erzeugen, gilt für die Anfangsphase einer Liebesbeziehung, für die Phase der Verliebtheit. Dass der Eindruck der Ganzliebe auf Dauer nicht unbeschadet erhalten bleibt, steht auf einem anderen Blatt. Darauf werde ich im nächsten Abschnitt eingehen.

Damit ist die Ausgangsfrage dieses Abschnitts, die Frage, wie man jemanden ganz liebt, den man nicht kennt, beantwortet. Die Antwort lautet: *Man kann nur jemand ganz lieben, den man* **nicht** *kennt.* Man kann den Eindruck der Ganzliebe nur entstehen lassen, wenn man nicht alles, sondern nur Erwünschtes in den Blick nimmt und dem Partner nur Akzeptables präsentiert.

Bereits im Verlieben zeigt sich die neue Liebe

Verliebtheit hat es zu allen Zeiten gegeben. Allerdings wird sie in unterschiedlichen sozialen Umständen durch verschiedene Mitteilungen ausgelöst. Die neue Liebe lässt sich daher nicht auf die gleiche Weise heraufbeschwören, wie das bei früheren Liebesbeziehungen der Fall war. Diesen Unterschied veranschaulichen deutlich die Liebesgeschichten, die gegenwärtig als Telenovelas weltweit im Fernsehen ausgestrahlt werden. In ihren Drehbüchern sind die in einer Gesellschaft jeweils gültigen Rezepte zum Verlieben niedergeschrieben.

Sieht man sich beispielsweise eine brasilianische Telenovela an, entflammt die Verliebtheit bei Frauen, wenn sie von bedeutenden Männern teure Geschenke, etwa in Form von Brillanten, erhalten, wenn ihnen eine Heirat und ein komfortables Leben in Aussicht gestellt werden. Männer hingegen brennen für ausnehmend hübsche und stilvolle Frauen, die sich ihnen anpassen, mit denen sie ihren Status unterstreichen können und die ihnen Erben, am besten männliche Erben, in die Welt setzen (»Es ist ein Junge!«).

Solch ein traditionelles Arrangement macht in einem relativ armen Land wie Brasilien, in dem die Ehe überwiegend noch eine rollenteilige Versorgungsgemeinschaft ist, durchaus Sinn. Interessierte Partner tun unter diesen Umständen gut daran, sich vorwiegend auf partnerschaftliche Vorstellungen und Bedürfnisse zu beziehen, indem sie materielle Auslöser und Heiratsversprechen oder Attraktivität und Sex nutzen, um Verliebtheit zu erzeugen.

Mit Reichtum und Schönheit allein kann man in einer entwickelten westlichen Gesellschaft kaum noch jemand verliebt machen. Eine meiner Klientinnen erzählte mir von einem Mann, der sich für sie interessierte und der sie im ersten Gespräch damit beeindrucken wollte, unter anderem ein Flugzeug zu besitzen. Sie war, statt fasziniert zu sein, sofort abgetörnt und ließ ihn links liegen. »Er war durchaus attraktiv, aber er schien sich nicht für mich zu interessieren.« Der Mann ist der Grundbedingung der emotional/leidenschaftlichen Liebe hierzulande nicht nachgekommen, die da lautet: Ich will um meiner selbst willen geliebt werden. Für meine Person, für mein Innenleben, für mich als Individuum. Und ich will dich um deiner selbst willen lieben, für das, was du bist, nicht für das, was du hast.

Dass ein Mann reich ist, beeindruckt kaum noch eine junge Frau, bestenfalls vorübergehend. Und wenn er ihr teure Geschenke macht, weckt das eher Misstrauen als Vertrauen. Die materiell unabhängige, emanzipierte Frau erhält den Eindruck: »Er will mich kaufen.« Oder: »Er meint nicht mich.« Ebenso beeindruckt Schönheit allein kaum noch einen Mann, denn auch Männer wollen sich mittlerweile gemeint fühlen. Selbst wenn die alten, rollenspezifischen Vorstellungen von Liebe noch in den Köpfen mancher Partner spuken, können sie sich im Alltag nicht mehr konsequent daran halten. Eine hübsche Frau, die einen wohlhabenden Mann heiratet, merkt bald, wenn sie nur Schmuckstück in seiner Sammlung ist, statt seine Partnerin zu sein, und wird ihn verlassen. Und wenn sie sich das äußerlich nicht zutraut, wird sie ihn innerlich verlassen. Ebenso wird ein Mann, der eine schöne Frau heiratet, bald merken, ob sie ihn meint oder allein seinen Status, sein Vermögen.

Die alten Auslöser taugen kaum noch zum Verlieben. Dazu gehört heute etwas anderes, bei dem Reichtum und Schönheit zwar nicht im Wege stehen müssen, damit aber nichts zu tun haben. Was heute in westlichen Gesellschaften gesucht wird, das zeigte ein junges Paar in der Beratung besonders deutlich. Er war ein fünfunddreißigjähriger Europäer, sie eine achtundzwanzigjährige Inderin. Die beiden kannten sich erst wenige Monate. In den ersten Tagen war eine strohfeuerartige Verliebtheit aufgeflammt, die nach kurzer Zeit dem Gefühl wich, vom anderen nicht verstanden zu werden.

Der Mann versuchte seiner Freundin klarzumachen, was er für sie empfand und was er bei ihr vermisste. Er würde sich gern mit ihr über das Leben, über Gefühle und über seine alltäglichen Probleme unterhalten. Über seinen Ärger im Job, über seine politischen Ansichten, über seine Lebensträume, über das, was er im Leben für wichtig hält und was ihn bewegt. Seine Freundin fand es unwichtig, sich über solche Dinge zu unterhalten. Sie versicherte ihm, dass er ein guter Mann sei, er habe ein Haus und ein Auto, einen Job, es sei doch alles in Ordnung. Warum kamen die beiden nicht zusammen? Sie tauschten sich nicht über Innenwelten aus, was ihn störte, während sie von seinem Bedürfnis danach gestört war. Es kam zu heftigen Auseinandersetzungen. In einem Streit bedrängte er sie stark mit Vorwürfen, woraufhin sie ihn angespuckte. Auch über diesen Vorfall konnten sie sich nicht verständigen. Er war zutiefst gekränkt und wünschte sich, sie würde verstehen, wie stark ihn das verletzt hatte, während sie das abtat und darauf bestand, dass Spucke nicht wehtun würde. Er wollte die Beziehung emotional klären, während sie darauf beharrte, die Vergangenheit ruhen zu lassen und nach vorne zu schauen. Es kam zu keiner Annäherung. Die beiden gingen nach kurzer Zeit auseinander.

Hinter ihrem Konflikt standen kulturelle Unterschiede. Anders gesagt: Die Inderin folgte einer anderen Gebrauchsanweisung für die Liebe als der Europäer. Im Kampf hatte der Mann es gewagt, sie in die Innenwelt zu zerren, während sie alles tat, um auf einer weiter außen liegenden Ebene – der partnerschaftlichen Ebene – zu bleiben. So konnte die kurzfristig aufgeflammte Verliebtheit nicht bestehen bleiben.

Für die meisten Menschen unseres Kulturkreises ist die emotional/leidenschaftliche Ebene zum wichtigsten Schauplatz der Liebe geworden. Moderne Partner können heute eine Menge an Unterschieden tolerieren. Sie gestehen sich große Freiräume zu, sie haben wenig Probleme mit abweichenden Interessen und Ansichten, sie erwarten nicht per se, vom Partner versorgt zu werden, sie müssen nicht in einer Wohnung leben, sie können getrennte Konten führen, sie haben eigene Freundeskreise, kurzum, sie wollen Individuum sein und den anderen Individuum sein lassen. Ihre Empfindlichkeit liegt auf emotional/leidenschaftlichem Gebiet – sie wollen sich verstanden und bestätigt fühlen, sie wollen eine positive Resonanz auf ihre Innenwelt.

Diese positive Zuwendung fällt in der Anfangsphase leicht. Sie gelingt wie selbstverständlich, solange die Kommunikation selektiv bleibt. Dieser Umgang wird aufrechterhalten, bis sich das Gefühl, ganz geliebt zu werden, aufgebaut und gefestigt hat und eine Liebesbeziehung entstanden ist.

Wie eine emotional/leidenschaftliche Liebe entsteht, dürfte damit klar sein. Die Frage, die sich fast von allein stellt, lautet nun: Kann sie auf Dauer aufrechterhalten werden?

Wie die emotional/ leidenschaftliche Liebe gefährdet wird

Der Eindruck der Ganzliebe ist da. Das bedeutet: Es ist ein sehr spezifisches Gefühl entstanden, das sich auf selektive Kommunikation beruft. Es liegt in der Logik der Sache, dass dieses Gefühl in seiner Intensität und mit seiner Überzeugungskraft nur erhalten bleibt, soweit es Liebenden gelingt, sich selektiv zu verständigen.

Doch wie lange ist es in einer Paarbeziehung möglich, sich einzig und allein auf Verbindendes zu beziehen? Wie lange kann man es schaffen, störende Eigenarten und irritierendes Verhalten des Partners als unbedeutend anzusehen? Wie lange ist es machbar, persönliche Unterschiede aus der Kommunikation herauszuhalten? Wie lange hält man es durch, sich sämtlichem Erleben und sämtlichen Äußerungen des Partners positiv zuzuwenden? Wie lange ist man dazu fähig, dem Partner für all das, was er zeigt, Bestätigung zu geben?

- Anfangs hatte der Partner noch geraucht, hatte jedoch versichert, damit aufzuhören, doch nach einem Jahr greift er immer noch nach seinen Zigaretten. Es gelingt ihm einfach nicht, von diesem Laster loszukommen. Ob man seinen Versprechungen überhaupt trauen kann?
- Anfangs war die Partnerin gleichermaßen an Sex interessiert, aber neuerdings verspürt sie weniger Lust dazu. Sie kann sich das nicht erklären, es hat jedenfalls nichts mit ihm zu tun, versichert sie. Aber womit dann? Ob sie ihn noch liebt?

- Anfangs brachte der Partner viel Zeit für den persönlichen Kontakt auf. Neuerdings muss er leider berufliche Prioritäten setzen. Sein Job, sein Chef, die Umstände lassen ihm keine andere Wahl. Ob es wirklich daran liegt?
- Anfangs bestand viel Verständnis für seinen Sauberkeitstick; sie hat sich darüber amüsiert. Seit sie zusammenwohnen, ist sie von seinem Tick genervt, fühlt sich manchmal terrorisiert. So hatte sie sich das nicht vorgestellt!
- Anfangs fand er ihre spontane Lebensweise spannend, inzwischen kämpft er gegen ihr Chaos an. Verabredungen sind sinnlos, sie wirft sie im letzten Moment über den Haufen. Es hat den Anschein, dass ihr seine Interessen gleichgültig sind!
- Anfangs fand sie seine Langschlafgewohnheit lustig, inzwischen reagiert sie sauer, wenn er sonntags nicht vor zwölf aus dem Bett kommt. Ob er nur deshalb im Bett liegt, um ihr aus dem Weg zu gehen?
- Anfangs wollte er auch Kinder, inzwischen kann er sich das nicht mehr vorstellen. Hat er sie getäuscht? Oder hat er sich selbst etwas vorgemacht?

Anfangs war alles anders, alles spannend, alles leicht. Anfangs schienen alle Unterschiede unbedeutend. Mit der Zeit begreifen die Partner dann, was es bedeutet, mit einem Individuum auf einer sehr persönlichen und intimen Ebene konfrontiert zu sein. Es heißt, zunehmend Unterschieden gegenübergestellt zu sein. Und aus diesem Grund kann nicht länger übersehen werden: Es gibt nicht nur Verbindendes, es gibt auch Trennendes.

Bis Trennendes in die Kommunikation eines Paares eindringt und dort nennenswerte Störungen hervorruft, vergehen in der Regel etliche Monate, manchmal einige Jahre. Liebesbeziehungen zeigen sich zu Beginn erstaunlich robust gegen Irritationen, und die Fähigkeit und Bereitschaft, Störungen auszuhalten, sind umso größer, je intensiver die entstandenen Liebesgefühle sind. Doch früher oder später sind Unterschiede und ihre tatsächlichen Bedeutungen nicht mehr zu leugnen.

Angriff auf die Ganzliebe

Von Unterschieden betroffen zu sein, wäre nicht besonders tragisch, wenn man dem anderen seine Eigenarten lassen und dabei entspannt bleiben könnte. So wie es in Freundschaften üblich ist. Der Freund ist, wie er ist, man kann ihn nicht verbiegen, und wenn man es versucht, kündigt er die Freundschaft auf. Beim Freund meldet man keinen Anspruch darauf an, dass er bleibt, wie er zu sein schien.

In einer Liebesbeziehung fällt es allerdings schwer, den Partner zu lassen. Denn so wie Verbindendes den Eindruck der Ganzliebe entstehen lässt, so greift Trennendes dieses grundlegend wichtige Gefühl an. Plötzlich erlebt man sich nicht verbunden, sondern getrennt. Die Überzeugung, »Mein Partner liebt mich so, wie ich bin, mit allem was mich ausmacht, mit meinen Merkwürdigkeiten und sogar gerade deswegen«, wird infrage gestellt. Aus der vermeintlichen Ganzliebe wird eine so empfundene Dreiviertel- oder Halbliebe, zumindest für den Augenblick oder die Phase. Und wenn die Komplikationen nicht gelöst werden, verfestigt sich das Empfinden auf Dauer zu einer Überzeugung, beispielsweise der: »Mein Partner liebt mich nicht mehr wirklich.«

Partner erleben auftauchende Differenzen meist so, als würde ihnen etwas genommen oder entzogen werden. Das trifft gewissermaßen auch zu. Ihnen wird nämlich Sicherheit genommen und Berechenbarkeit entzogen. Sie erwarten eine bestimmte Äußerung oder eine bestimmte Handlung, das gewohnte Verhalten eben, aber stattdessen geschieht etwas anderes, und das löst Verunsicherung aus.

Um zu verunsichern, muss der Partner kein Wort sagen, es genügt, dass er sich anders als üblich verhält. Es genügt, wenn er unfreundlicher ist als normalerweise, wenn er Streit sucht, wenn er keine Lust auf Sex hat, wenn er den Geburtstag vergisst, wenn er distanzierter wirkt, wenn er ein Versprechen bricht oder wenn er sonst etwas *Unerwartetes* tut. Mit Sicherheit löst er extreme Verunsicherung aus, wenn er fremdgeht. Im Normalfall aber genügt es, wenn er weniger von dem Verhalten zeigt, durch das er den Eindruck der Ganzliebe hervorgerufen hat, denn dieser Eindruck ist allein vom Verhalten des Partners abhängig.

Wenn es sich nicht nur um eine Kleinigkeit handelt, sondern um eine bedeutsame Verhaltensänderung, gerät das Gefühl der Ganzliebe ins Wanken, und damit scheint, auf einer unbewussten Ebene, die rückhaltlose Bestätigung durch den Partner gefährdet. Beim sich bedroht fühlenden Partner schrillen die Alarmglocken, er reagiert, als würde er weniger geliebt und alleingelassen werden. Die fehlende gewohnte Bestätigung nagt an der Stabilität seines Selbst. Ihm ist, als wäre sein emotionales Rückgrat aufgeweicht, als hätte man ihm damit einen Teil seiner inneren Festigkeit entzogen. Um eine weitere Gefährdung seines Selbst zu verhindern, beginnt er, um die Liebe des anderen zu kämpfen.

Der Kampf um die Liebe des Partners, der nun einsetzt, ist im Grunde ein Kampf um den Erhalt des Selbst, um den Erhalt der Vorstellung, die man von sich und seinem Leben gewonnen hat und an der man festhalten will. Der Partner ist nämlich, wenn eine Beziehung eine gewisse Zeit bestanden hat, ein Teil der eigenen Identität geworden. Damit meine ich nicht, dass zwei Selbst zu einem Selbst verschmolzen wären. Ich meine damit, dass der Partner in die eigene Selbstvorstellung »eingebaut« wurde und so zur Statik des Selbst beiträgt.

Man erkennt einen solchen »Einbau« daran, dass der Einzelne nicht bloß Geschichten von sich erzählt, sondern oft auch welche von sich als Partner von X/Y. Er ist nicht nur ein unabhängiges »Ich«, sondern daneben auch »Ich, der Partner von X/Y«. Der Partner ist in die individuelle Geschichte und in erzählte Geschichten eingebunden. Allerdings taucht er dort nicht mit den Unterschieden auf. Von denen konnte man bisher nichts berichten, weil sie erst jetzt deutlich werden. Auch will man von ihnen partout nichts wissen, weil sie das eigene Selbst verunsichern und stören.

Kampf um Liebe

Wie kämpft man um Liebe? Indem man um das gewohnte *Verhalten* des Partners kämpft. Wenn er bisher Freude an gemeinsamen Unternehmungen zeigte, soll er das weiterhin tun. Wenn er bisher Spaß am Sex hatte, soll er den weiter haben. Wenn er bisher Zeit für Gespräche hatte, soll er diese weiter aufbringen. Wenn er bisher Verständnis für alle Probleme zeigte, soll er das weiter zeigen. Wenn der Partner sich auch zukünftig so verhalten würde, wie er das bisher tat, bliebe das Gefühl, ganz geliebt zu sein, unbeschadet erhalten.

Um den Partner zur Rückkehr zum erwarteten Verhalten zu bewegen, stehen einige Manipulationsmittel zur Verfügung, darunter sowohl positive als auch negative Ansätze. Man bittet den Partner, man will ihn überzeugen, man will ihn verführen. Es wird diskutiert und gestritten, argumentiert und Druck gemacht. Inhalt der Auseinandersetzungen ist in jedem Fall der direkte oder indirekte Vorwurf: »Wie kannst du plötzlich so anders sein? Sei doch bitte wieder der, den ich kenne!« Wenn der Partner sein ungewohntes Verhalten nicht aufgibt, wird er kritisiert, bedrängt, bedroht, bestraft, verletzt, bewertet, abgewertet oder auf Distanz gehalten. Dann ist ein Liebeskampf ausgebrochen, wie er in einem solchen Ausmaß und in einer solchen Intensität nur unter Liebespartnern ausbrechen kann, also zwischen Menschen, die füreinander eine unverzichtbare Bedeutung gewonnen haben.

Man könnte zu der Ansicht gelangen, eine Entwicklung wie die geschilderte sei in Beziehungen zwangsläufig. Ich denke, dass es so ist. In einer heutigen Liebesbeziehung sind Irritationen, Probleme oder Konflikte unvermeidlich, weil der Eindruck der Ganzliebe nicht von selbst aufrechterhalten bleibt, sondern oft angegriffen und erschüttert wird. Der Kampf bricht nicht deshalb aus, weil einer der Partner etwas falsch macht, sondern weil sich zwei Individuen versprochen haben, einander ganz zu lieben und einander ganz anzunehmen, und weil sie den eigenen Ansprüchen nicht gerecht werden können. Sie müssen feststellen, sich gar nicht ganz zu kennen, und erleben, dass der andere nicht nur so genannt wird, sondern dass er tatsächlich anders und dadurch auch bedrohlich ist.

Daran ist nichts zu rütteln. Das Schicksal eines Individuums besteht nun einmal darin, anders zu sein. Wenn der Einzelne sein Anderssein kaschiert, verliert er das Gefühl für sich selbst. Verleugnet er sich auf Dauer, indem er sich vorwiegend auf den Partner bezieht und versucht, dessen Liebesgefühl zu bedienen, gräbt er sich selbst eine Grube. Denn dann kann er sich nicht »um seiner selbst willen« geliebt fühlen. Auf ein zurückgehaltenes Selbst kann sich der Partner nicht beziehen, selbst wenn er es wollte.

Daher muss, wer als die Person gesehen und geliebt werden will, als die er sich empfindet, sich als diese Person zeigen, auch mit seinen Unterschieden.

Liebeskämpfe scheinen unvermeidlich zu sein, und sie wirken zugleich paradox. Im Kampf wird im Namen der Liebe liebevolles Verhalten eingestellt. Wer will, dass der Partner sich verhält wie bisher, der wendet sich ihm nicht zu, der bestätigt ihn nicht, der lehnt ihn ab. Paradox ist, dass der, der sich abwendet, ein liebloses Verhalten zeigt und sich dabei auf Liebe beruft.

Ganz so verwunderlich, wie die Sache einem vorkommt, ist sie allerdings nicht. Denn Liebe gibt es zweimal.

Die Liebe gibt es zweimal

Im Kampf um die Liebe wird liebevolles Verhalten im Namen der Liebe eingestellt. Wie soll man das verstehen? Das geht, indem man Liebe auf zwei Arten denkt. Einmal als auf den Partner bezogene Liebe und dann als auf sich selbst bezogene Liebe. Der Begriff »Liebe« wird dadurch in zwei Bestandteile zerlegt, die zwar zusammenhängen, die aber nicht identisch miteinander sind.

Bei der auf den Partner bezogenen Liebe handelt es sich um die spezielle Form von Kommunikation, die durch Zuwendung zum Innersten gekennzeichnet ist. Diese Zuwendung erfordert, dass ein Partner Offenheit für das zeigt, was den anderen bewegt, und sein Interesse durch Worte, Gesten, Blicke und Berührungen signalisiert. Darüber hinaus verhält er sich verständnisvoll, einfühlsam und bestätigend. Dieses Verhalten beschreibt als Kommunikation von Liebe einen Vorgang, der zwischen den Partnern abläuft, den »Vorgang Lieben«.

Bei der auf sich selbst bezogenen Liebe ist nicht ein Vorgang gemeint, sondern hier dreht es sich um ein Gefühl, das nicht zwischen den Partnern, sondern in einem Partner stattfindet. Wer dieses »Gefühl Liebe« empfindet, erlebt sich mit dem Partner verbunden und dadurch von Einsamkeit und Vereinzelung befreit. Jemanden zu lieben ist demnach kein selbstloser Vorgang, auch wenn in vielen Ratgebern oder literarischen Werken von selbstloser Liebe geschwärmt wird. Mit Liebe, gerade mit der Paarliebe, ist immer ein eigenes, im ureigensten Sinne menschliches Bedürfnis verbunden. Das Bedürfnis, zu lieben, oder anders gesagt, sich auf tiefster Ebene verbunden zu fühlen.

Gefühl versus Vorgang

Will man die heutige Paarliebe begreifen, genügt es nicht mehr, von »der Liebe« zu sprechen, so als wäre die Liebe ein Ding. Es scheint nötig, die Liebe in ihren beiden Dimensionen zu erfassen. Denn die »Liebe als Gefühl« und die »Liebe als Vorgang« unterscheiden sich vollständig voneinander.

Ein wesentlicher Unterschied besteht darin, dass der »Vorgang Lieben« nur für die Momente der Kommunikation besteht. Der Vorgang flammt sozusagen auf und erlischt wieder, wenn die Kommunikation eingestellt wird. Er ist auf die Gegenwart beider Partner angewiesen und besteht nur dann, wenn die Verbindung von Zuwendung und Bestätigung getragen ist. Streiten Partner beispielsweise, kommunizieren sie zwar auch, aber keine Liebe, sondern Gegnerschaft oder Konkurrenz oder etwas anderes. Das »Gefühl Liebe« hingegen besteht über den Augenblick hinaus, es ist nicht auf die Gegenwart des Partners angewiesen, sondern in der Erinnerung des Einzelnen gespeichert und von einer gegenwärtigen Kommunikation relativ unabhängig.

Der Unterschied zwischen Lieben und Liebe, zwischen Vorgang und Gefühl, macht sich in interessanten Phänomenen bemerkbar:

- Man kann jemanden lieben, ohne von diesem geliebt zu werden. Solch eine Situation wäre typisch bei einseitigem Verlieben oder bei einseitigen Trennungen. Ein Partner empfindet keine Liebesgefühle mehr, aber der andere hält an dem Gefühl Liebe fest, obwohl keine Liebe mehr kommuniziert wird. Er leidet an seinen eigenen Gefühlen.
- Man kann jemanden lieben, dem man nie persönlich begegnet ist. Beispielsweise aufgrund virtueller Liebe im Internet oder

durch einen intimen Briefverkehr. Selbst dieser ziemlich eingeschränkte Vorgang kann intensive Liebesgefühle hervorrufen, die allerdings weniger auf dem Austausch von Liebe als vielmehr auf dem eigenen Bedürfnis nach dem Gefühl Liebe beruhen. Trifft man sich dann in der realen Welt, können die Liebesgefühle so schnell erlöschen, wie sie entstanden sind.

- Man kann sogar jemanden lieben, der gar nicht mehr lebt. Dichter schwärmen in dem Fall von einer Liebe, die derart stark ist, dass sie über den Tod hinausgeht. Gemeint ist, dass die Liebesgefühle für den verstorbenen Partner regelrecht konserviert sind. Meist steht dies einer neuen Liebe im Weg.
- Man kann den Partner lieben, ohne dass sich dieser geliebt fühlt. Dann empfindet man zwar ein Liebesgefühl für ihn, kommuniziert aber keine Liebe, weil es einem mehr um sich selbst als um den Partner geht. Das Liebesgefühl kommt nicht »rüber« und findet deshalb auch keine Erwiderung.

Das Gefühl Liebe und der Vorgang Lieben hängen eng zusammen. Für das, was wir allgemein als Liebe bezeichnen, ist beides nötig, also auf jeder Seite, bei beiden Partnern, das Gefühl Liebe und zugleich ein passender Umgang miteinander, der den Namen Lieben verdient. Dass man ein Liebesgefühl für jemanden empfindet bedeutet nicht, dass man Lieben kommuniziert. Ein Eifersüchtiger, den den Partner terrorisiert, beruft sich natürlich auf sein Liebesgefühl. Aber was er ›rüberbringt‹ hat nichts mit Lieben zu tun, sondern mit kontrollieren. Da Liebe und Lieben nicht identisch miteinander sind, kann man sich in den Zusammenhängen von Gefühl Liebe und Vorgang Lieben gehörig verheddern.

Komplikationen mit der zweifachen Liebe

Das Problem mit Vorgang und Gefühl besteht darin, dass der Einzelne um jeden Preis an dem entstandenen Gefühl von Liebe festhalten möchte. Da dieses Gefühl jedoch aus einer selektiven Kommunikation stammt und es – wie gesagt – auf Dauer nicht gelingt, Unterschiede aus der Kommunikation herauszuhalten, wird es dem Partner nicht gelingen, die Kommunikation von Liebe in der nötigen Beständigkeit aufrechtzuerhalten. Er wird auf Dauer nicht nur Liebe, sondern auch Kritik, Vorwürfe, Ablehnung oder gar Gegnerschaft kommunizieren.

Wenn der schon beschriebene Liebeskampf ausbricht, lautet die Forderung an den Partner, oberflächlich betrachtet: »Verhalte dich wie bisher – verhalte dich so, dass ich mich weiter geliebt fühle.« Letztlich aber wird etwas viel Bedeutenderes gefordert. Wer vom Partner gewohntes Verhalten erwartet, der verlangt von ihm: »Sei nicht, wer du *jetzt* bist, sondern bleibe, wer du bisher für mich warst.«

Zu sein, wer man ist, und als dieser geliebt = bestätigt zu werden, ist jedoch die Grundbedingung der heutigen Paarliebe. Die im Kampf aufgestellte Forderung: »Bleib, wer du warst«, hat daher einen schweren Haken. Der fordernde Partner will beim anderen verhindern, was er für sich selbst in Anspruch nimmt: So zu sein, wie er ist. Im Liebeskampf erlaubt keiner dem anderen, Individuum zu sein. Somit kann die paradoxe Situation entstehen, dass eine Liebeskommunikation durch den Versuch, das eigene Liebesgefühl zu bewahren, gestört oder im Extremfall eingestellt wird.

Die Unterscheidung der Liebe in Gefühl und Vorgang scheint mir in zweifacher Hinsicht zum Verständnis und für den Umgang mit der heutigen Paarliebe unverzichtbar. Zum einen: Wer nicht zwischen Gefühl und Vorgang unterscheiden kann, bemerkt nicht, dass sein Verhalten nicht als liebevoll erlebt wird, und er merkt nicht, wenn er sich wichtiger nimmt als den Partner. Zum anderen: Zwischen dem, was die Partner von der Liebe erwarten, und dem, was die Liebe von ihnen verlangt, besteht ein gravierender Unterschied.

Was sich Partner (noch) unter Liebe vorstellen

Individuen suchen und brauchen heute Liebesbeziehungen in erster Linie deshalb, weil darüber ein intimer Bezug zu ihrer Innenwelt hergestellt wird. Dass diese Anforderung an Paarbeziehungen in ihrer Intensität und Bedeutung neu ist und bisherige Ansprüche wie geschlechtliche, partnerschaftliche und freundschaftliche Liebe ihr gegenüber an Bedeutung verlieren, ist die Hauptthese dieses Buchs.

Mit diesem neuen Auftrag ändern sich zugleich die Erwartungen, die Partner an eine Paarliebe richten. Damit will ich nicht sagen, dass die bisherigen Annahmen aus der Welt sind und keine Rolle mehr spielen. Ich meine allerdings, dass sie nicht mehr die Bedeutung haben, die ihnen vielfach noch – auch von den Partnern selbst – zugeschrieben wird. Die Entwicklung scheint weiter fortgeschritten zu sein, so, als ob in den Köpfen der Partner nach wie vor alte Vorstellungen über Liebe herumspuken, während in ihren Bäuchen längst neue Erwartungen darauf drängen, erfüllt zu werden.

Dieses Bild ergibt sich jedenfalls, wenn man Anspruch und Realität moderner Paarbeziehungen – vor allem der Beziehung zwischen ökonomisch gleichwertigen Partnern – betrachtet. Dann zeigt sich eine erhebliche Diskrepanz zwischen Wunsch und Wirklichkeit, zwischen Ideal und Machbarkeit, zwischen dem, was sich die Partner vornehmen und dem, was sie tatsächlich leben. Diese Diskrepanz zwischen Kopf und Bauch macht sich als innerer Konflikt bemerkbar. Der Kopf drückt dabei aus, was ein

Mensch für vernünftig hält, der Bauch hingegen teilt das mit, was nicht zur vernünftigen, sondern zur emotionalen Sichtweise der Dinge passt, was aber mittlerweile die Hauptrolle zu spielen scheint.

In Liebesdingen verliert der Kopf, während die Gefühlswelt dominiert und bestimmt, wo es langgeht. Das ist schon beim Verlieben so – niemand kann vom Kopf her festlegen, in wen er sich verliebt –, und es kann bei einer Paarbeziehung, in der es vorrangig um Gefühlszustände geht, kaum anders sein. Im Zweifelsfall gewinnt daher der Bauch den inneren Konflikt zwischen den alten Ideen über Partnerschaft und den neu entstandenen Bedürfnissen und Erwartungen. Dann hält jemand bestimmte Ansichten zwar für richtig, er verhält sich aber nicht danach. Womöglich strebt er an, für ewig mit seinem Partner zusammen zu sein, aber seine Gefühle spielen nicht mit und provozieren entgegen der erklärten Absicht eine Trennung. Vielleicht möchte er seinem Partner treu sein, aber dann passiert ihm unbeabsichtigt ein Seitensprung. Oder er möchte in Harmonie mit dem Partner leben, befindet sich aber immer wieder in Kämpfen mit ihm.

Die übliche Sichtweise auf solche Konflikte besteht darin, Partei für die Absicht, also den Kopf, zu ergreifen. Diese Sichtweise ist defizitär, nach ihr hat der Betreffende versagt und etwas falsch gemacht, wenn er seine Absichten nicht durchsetzen kann. Eine lösungsorientierte Sichtweise geht hingegen davon aus, dass niemand auf Dauer einen Konflikt gegen sich selbst gewinnen kann, und dass es darum geht, die unbewussten Absichten, also den Bauch, in die Problemlösung mit einzubeziehen.

Meiner Meinung nach versagen Partner nicht, wenn sie ihren eigenen Ideen und Idealen nicht gerecht werden können. Vielmehr setzen sich grundlegendere Bedürfnisse gegen die eigenen Vorstellungen durch.

Ich werde im Folgenden die Begriffe »Vorstellungen« und »Erwartungen« verwenden und voneinander unterscheiden, wobei mit Vorstellungen die Ideale und mit Erwartungen die grundlegenden Bedürfnisse, der Bauch, gemeint sind.

Im Kopf: die alten Vorstellungen

Die in den Köpfen der Partner vorherrschenden Vorstellungen von der Paarliebe wurden – wie könnte es anders sein – von vorherigen Generationen übernommen. Eine wichtige Rolle bei der Vermittlung davon, was man unter Paarliebe und einer funktionierenden Liebesbeziehung versteht und wie man sich darin verhält, spielen auch Romane und Filme und zunehmend wissenschaftliche oder psychologische Sachbücher und Ratgeber. Fasst man die Aussagen solcher Quellen zusammen, drängt sich der Eindruck einer umfassenden Idealisierung bestimmter Vorstellungen auf. Es geht angeblich in erster Linie darum, dass Paarbeziehungen dauerhaft, sicher und harmonisch sind.

Diese drei Kriterien – Dauer, Sicherheit und Harmonie – gelten zweifelsfrei für partnerschaftliche und teils auch für freundschaftliche Liebe. Die Frage ist allerdings, ob sie auch für die emotional/leidenschaftliche Liebe von Bedeutung sind. Wenn man sich im Leben umschaut, können diesbezüglich erhebliche Zweifel aufkommen. Viele Beziehungen sind von begrenzter Dauer, der Versuch, sie abzusichern, lässt sie erstarren, zu viel Harmonie erstickt Individualität und führt zur Auflehnung gegen die Beziehung oder gegen den Partner. Wenn man diese Vorgänge nicht als Versagen begreift, sondern ihnen einen Sinn unterstellt, lohnt ein näherer Blick auf die drei genannten Kriterien.

Die Vorstellung der Dauer

In der Idealisierung der Dauer wird davon ausgegangen, dass eine Paarbeziehung lebenslang halten sollte und halten kann, vorausgesetzt, die Partner verhalten sich richtig. Dazu sollen sie vor allem verlässlich, respektvoll, treu, ehrlich und konfliktfähig sein. Sich »richtig« zu verhalten bedeutet in Bezug auf die neue Liebe allerdings weit mehr, als seine Aufgaben zu erfüllen und dem Partner gegenüber fair zu sein. Es bedeutet, ihm gegenüber ein Leben lang bestimmte *Gefühle* entgegenzubringen, und zwar Liebesgefühle.

Es erscheint anfangs ganz selbstverständlich, dass die Liebe ewig währt. Das Gefühl Liebe kennt keine zeitliche Begrenzung. Liebe ist »für immer« gemeint. Wer liebt, glaubt und muss davon überzeugt sein, dieses Gefühl würde nie vergehen. Anders herum: Wer lieben würde und gleichzeitig davon ausginge, dass diese Liebe nur begrenzte Zeit hielte, der würde nur bedingt lieben. Er würde sich teilweise zurückhalten oder verschließen, könnte sich dem Gefühl Liebe nur eingeschränkt hingeben und es nicht in seiner Tiefe erfahren und genießen.

Da die »Liebe als Gefühl« für immer gemeint ist, fällt es Paaren leicht, sich bei der Heirat ewige Liebe zu versprechen. Das ist zwar nachvollziehbar, erscheint – zurückhaltend formuliert – jedoch überaus verwegen. Schließlich schwören sich Paare auch nicht, lebenslang fröhlich, optimistisch, zufrieden, spontan, gewissenhaft oder glücklich zu sein – obwohl diese Zustände leichter zu garantieren wären als lebenslange Liebesgefühle.

Der Schwur ewiger Liebe war sinnvoll, solange man unter Liebe vor allem partnerschaftliche Liebe verstand und es darauf ankam, gemeinsam durch dick und dünn zu gehen. »Ich liebe dich« hieß damals »Ich werde dich nicht verlassen, sondern bei dir bleiben«. Die partnerschaftliche Liebe bekräftigte dieses Versprechen im

Ehevertrag, und die Gesellschaft sorgte dafür, dass es kaum einen Ausweg aus diesem Vertragsverhältnis gab. »Ich liebe dich« bedeutet heute etwas anderes, und der Schwur ewiger Liebe drückt lediglich ein gegenwärtiges, intensives Liebesgefühl aus, über das kein Vertrag geschlossen werden kann. Falls das Liebesgefühl abhandenkommen sollte, trifft niemanden die Schuld, beide haben ihren Anteil daran, und eine Scheidung ist jederzeit möglich.

Hinsichtlich der Themen Liebe und Vertrag scheinen viele Paare nichtsdestotrotz ziemlich desorientiert zu sein. Fragt man Partner, warum sie standesamtlich heiraten, werden selten rechtliche oder existenzielle Gründe aufgeführt, man heiratet »aus Liebe«. Dass sie eine amtlich beglaubigte Unterschrift leisten, scheinen Verliebte als eine Art Liebesvertrag, als eine Absicherung der Liebe zu empfinden. Wer mit voller Überzeugung »aus Liebe« geheiratet hat, bemerkt oft erst bei der Scheidung, dass er keinen Liebesvertrag, sondern einen Rechtsvertrag unterzeichnet hat. Wenn dann nicht nur die Liebe, sondern auch die Freundschaft kaputt ist, fühlt sich jeder um seinen Liebesanspruch betrogen – und der Weg führt schnell in einen üblen Rosenkrieg.

Die Dauer einer Beziehung ist zweifelsfrei heute sehr viel schwerer zu bewerkstelligen als zuvor. Es gibt zahlreiche Scheidungen, und das ist nicht unbedingt schlecht. Wenn es um die Dauer geht, setzt sich oft der Bauch gegen den Kopf durch, das Gefühl gewinnt gegen die beste Absicht. Die Partner folgen letztlich der nachvollziehbaren Logik »Wozu sollte ich in einer Beziehung bleiben, in der ich mich nicht mehr gemeint fühle?« Immerhin geht fast die Hälfte aller Ehen auseinander, wobei auf eine Scheidung schätzungsweise neun Trennungen von Paaren kommen, die unverheiratet zusammengelebt haben. Eine Trennung drückt dann aus, dass die Gefühle füreinander verloren gegangen sind, sie ist eine logische Folge des hohen Liebesanspruchs, des

Anspruchs auf emotional/leidenschaftliche Liebe, der sagt: »Weniger als Liebe ist auf Dauer nicht drin.«

Unbeeindruckt von solchen Widrigkeiten hält die Sehnsucht nach einer dauerhaften Paarliebe – sogar nach einer Liebe, die mit der Zeit immer größer wird – an. Diese Sehnsucht bringt ein fragwürdiges Rollenspiel zwischen Liebeslehrern und Liebesschülern hervor. Manche behaupten zu wissen, wie lebenslange Liebe geht, andere sind begierig darauf, die »Geheimnisse« und »Spielregeln« ewiger Paarliebe zu erfahren.

Früher boten sich vorwiegend Pfarrer als Liebeslehrer an, heute sind es vor allem Forscher, Psychologen und Therapeuten. Wie sehr sich diese Fachleute bei der Liebeslehre verrennen können, zeigt beispielhaft das folgende Zitat. Es stammt von dem Psychoanalytiker Michael L. Moeller, der zehn bekannte Beziehungsexperten nach den zentralen Merkmalen zum Aufbau und Erhalt einer glücklichen Beziehung befragte:

> *Integrität; Frustrationstoleranz; Respekt; Gesprächsbereitschaft; Konfliktfähigkeit; Zuhören; Verlässlichkeit; Geborgenheit; Verträge und daher sich vertragen; Vertrauen und Ehrlichkeit. Alle zehn – unter ihnen nur eine Frau – gaben spontan aus ihrer großen Erfahrung jeweils ein anderes Moment an. Das beeindruckte mich zunächst am stärksten. Noch verblüffender war allerdings die fehlende Aussage einer gleichsam abwesenden Person: die Liebe. Allen war klar, dass sie entscheidend ist; keiner hatte sie erwähnt.*[6]

Allen war klar, dass die Liebe entscheidend ist – diese Feststellung ist bemerkenswert. Und dass von immerhin zehn (!) Therapeuten kein einziger die Liebe erwähnte, ist im Grunde kaum verwunderlich. Denn die Liebe entzieht sich wissenschaftlicher Analyse und zielgerichteter therapeutischer Arbeit, sie folgt weder partnerschaftlichen Absichten noch therapeutischen Planungen. Der Fehler liegt hier darin, partnerschaftliche Bindung und emotional/leidenschaftliche Bindung miteinander gleichzusetzen. Alle aufgezählten Merkmale – Integrität, Frustrationstoleranz, Respekt, Gesprächsbereitschaft, Konfliktfähigkeit, Zuhören, Verlässlichkeit, Geborgenheit, Verträge und daher sich vertragen, Vertrauen und Ehrlichkeit – gelten für die partnerschaftliche oder freundschaftliche Liebe, nicht jedoch für die emotional/leidenschaftliche Liebe. Man kann respektvoll sein, ohne den Partner zu lieben, man kann ehrlich sein, ohne ihn zu begehren, man kann lange miteinander sprechen, ohne das Wesentliche zur Sprache zu bringen, und man kann verlässlich sein, ohne intim zu werden.

Die Liebe scheint unberechenbar. Therapeuten reden sich an diesem Punkt gewöhnlich damit heraus, dass man die Liebe zwar nicht herstellen könne, dass man aber die Bedingungen schaffen könne, unter denen sie sich entfaltet. Das ist so, als ob man eine Pflanze erschaffen könnte, indem man fruchtbaren Boden ausstreut. Ohne Samen geht das allerdings nicht, und der Samen der Liebe bildet sich erst in der nicht vorhersehbaren und nicht durchschaubaren Verbindung zweier Individuen, man kann ihn nicht aus der Tasche holen und ausstreuen. Selbst wenn man viele Samen auf fruchtbare Erde wirft, werden nur einige aufgehen und viele nicht. Und wie lange die einzelnen Pflanzen wachsen und blühen, muss sich dann zeigen.

Können Partner demnach nichts tun, um die lebenslange Dauer einer Paarbeziehung sicher zu gewährleisten? Doch, sie können. Dazu gibt der Soziologieprofessor Hartmut Esser einige praktische und sehr handfeste Hinweise. Aufgrund soziologischer Forschungen und einer Auswertung nüchterner Statistiken rät er jungen Paaren, die eine Langzeitbeziehung ansteuern wollen, ein radikales Vorgehen:

> *Kein Ehevertrag! Kein Zögern! Geht für den anderen erkennbar ein Risiko ein, damit er sieht, dass man sich aufeinander verlassen kann! Zeugt mehrere Kinder! Investiert in gemeinsames Eigentum! Startet gemeinsame Projekte! Verbringt viel Zeit miteinander! Am besten im Rahmen vieler gemeinsamer Freunde.*[7]

Man kann den direkten Bezug dieser Ratschläge zur traditionellen Ehe, in der die Partner materiell und sozial voneinander abhängen, erkennen. Bei Professor Hartmut Esser ist auch nicht von Liebe, sondern von gegenseitiger Verpflichtung und gemeinsamer Investition die Rede, also von partnerschaftlicher Verbundenheit, von einer Lebens- und Versorgungsgemeinschaft. Je stärker sich die gegenseitige Abhängigkeit der Partner in ökonomischer Verflechtung, gemeinsamen Kindern, Lebensprojekten und identischen Freundeskreisen darstellt, desto höher türmen sich die Hindernisse vor einer Trennung auf, und desto geringer fällt die Scheidungsbereitschaft aus. Der Preis für eine Trennung scheint unter solchen Umständen einfach zu hoch, deshalb bleiben die Partner zusammen.

Der Preis fürs Zusammenbleiben kann allerdings unter Umständen noch höher sein. Denn Essers Ratschläge leuchten zwar ein, können heute jedoch nur wenig bewirken. Sie ignorieren die enorme Bedeutung der Individualität. Vor allem junge Menschen werden sich nicht lange an solch ein Gefühlszurückstellungsprogramm halten können. Sie sind gar nicht in der Lage, ihre Karriere, ihre individuellen Belange und ihre Gefühle gegenüber einer Beziehung so weit zu opfern, wie die Bedingungen der Dauer das erfordern würden. Dafür fehlt ihnen die psychische Struktur, die Bereitschaft, sich als Individuum der Beziehung unterzuordnen, die Bereitschaft, ihre Individualität geringer zu werten als die Paarbeziehung.

In individualisierten Verhältnissen können Partner nicht über die Dauer ihrer Liebe bestimmen, denn eine Paarbeziehung richtet sich weder nach den Vorstellungen eines noch nach den Vorstellungen beider Partner – und natürlich auch nicht nach den Vorstellungen von Psychologen und Therapeuten. Sie führt vielmehr eine Art Eigenleben.[8] Dieses Eigenleben wird nachvollziehbar, wenn man eine Liebesbeziehung als das begreift, was sie im Grunde ist: als die Geschichte der Reaktionen zweier Menschen aufeinander. Keiner weiß, wie der Partner demnächst auf ihn reagieren wird, wie er selbst auf diese Reaktion reagieren wird, wie der Partner wiederum darauf reagieren wird ... usw. Vor allem wenn lange Zeiträume, Jahre oder Jahrzehnte, in den Blick genommen werden, erscheint es völlig abwegig, Reaktionen aufeinander vorhersehen oder vorherbestimmen zu wollen.

Eine Liebesbeziehung gleicht einem Roman, der im Augenblick des Erlebens geschrieben wird. Ihr Verlauf kann nur im Nachhinein beschrieben werden, keinesfalls in Richtung Zukunft. Daher nutzt es auch nichts, »erfolgreiche« Paare, also solche Paare, die lange Zeit zusammen sind, nach ihren Geheimnissen zu befragen. Natürlich dichten diese Partner ihrer gemeinsamen Geschichte nachträglich eine Absicht und ein zielgerichtetes Verhalten zu, aber das hätten sie anfangs nicht tun können. Die einzig wahre Antwort auf die Frage, was das Geheimnis einer lang andauernden Beziehung ist, kann lauten: Wir sind einfach trotz allem zusammengeblieben.

Zusammenbleiben um jeden Preis – das scheint heutigen Partnern wenig erstrebenswert. Allerdings tragen Partner oft zu einem frühen Ende ihrer Liebesbeziehung bei, indem sie die schon beschriebenen Liebeskämpfe um den Erhalt des »Gefühls Liebe« führen. Wer seine Liebesbeziehung nicht zerstören will, tut demnach gut daran, aus Liebeskämpfen auszusteigen. Wie das versucht werden kann, darauf werde ich noch ausführlich eingehen.

Die Vorstellung emotionaler Sicherheit

Mit der Idealisierung der Dauer ist oftmals die Idealisierung emotionaler Sicherheit verbunden. Die obigen Ratschläge des Soziologen verweisen unter anderem auf die Bedeutung von Verlässlichkeit. Sich auf den Partner verlassen zu können, nicht mehr allein durchs Leben zu gehen, sondern sozusagen »Hand in Hand«, das ist eine der großen Sehnsüchte von Partnern. Diese Sehnsucht drückt sich beispielsweise in dem Gefühl aus, endlich »angekommen« zu sein. Angekommen in einer sicheren Beziehung, bei einem Partner, in einem Nest, in Geborgenheit und mit der Gewissheit, nicht mehr allein zu sein.

Der Fokus der Partner, die emotionale Sicherheit suchen, ist auf Lebensbegleitung und dabei vorwiegend auf das Tun ausgerichtet, auf gemeinsame Unternehmungen und gemeinsame Interessen. Indem sie sich Sicherheit vermitteln, wollen sie sich gegenseitig guttun, führen also eine vorwiegend freundschaftliche Liebe. Sie machen alles zusammen, weil keiner den anderen allein lassen will. Schließlich möchte keiner der Partner verunsichert werden. Und sobald unterschiedliche Interessen auftauchen, meiden sie Konflikte und schließen Kompromisse.

Kompromisse zu schließen bedeutet, in der freundschaftlichen Liebe ein Mittel einzusetzen, das lediglich in der partnerschaftlichen Verbindung zu gebrauchen ist. Ein Kompromiss ist immer ein Ergebnis von Verhandlungen. Doch worüber kann man überhaupt verhandeln? Beispielsweise darüber, wer das Geld verdient und wer sich um die Kinder kümmert. Wer das Bad putzt und wer die Küche. Oder wer das Auto repariert oder die Hemden bügelt. Aber über Interessen und Vorlieben, darüber, was man gern und mit Begeisterung tut, oder darüber, was einem Sicherheit verleiht oder verunsichert, darüber kann man nicht verhandeln, das muss man hinnehmen.

Kompromisse führen oft zu Problemen, deren negative Auswirkungen erst auf Dauer hervortreten, denn die Partner sind dabei gezwungen, Verzicht zu üben. Dem anderen zuliebe verzichten sie auf einen Teil ihres Andersseins. Mit jedem Kompromiss schneidet jeder Partner ein Stück von dem ab, was ihn zufriedenstellen würde, und da Rücksicht hochgehalten wird, findet man sich damit ab, »nicht alles« haben zu können. Die Partner versichern sich gegenseitig: »Mir gefällt nur, was dir gefällt«, und bezahlen diese Harmonie mit Individualität und Selbstbestätigung. Jeder verzichtet, und keiner ist richtig zufrieden damit, geschweige denn glücklich darüber.

Partner, die emotionale Sicherheit über alles andere stellen, bauen ein emotionales »Nest«, um dann früher oder später festzustellen, dass auch ein schönes Nest zum Käfig werden kann. Auch im oft beschriebenen Bild des Hand in Hand durchs Leben gehen ist die potenzielle Einengung des Einzelnen enthalten: Wer den Partner stets an der Hand hält oder von diesem ständig an die Hand genommen wird, braucht sich nicht allein zu fühlen, aber er kann sich nicht frei bewegen, kann keine Sprünge machen und keinen Schritt vorausgehen oder zurückbleiben. Da bleibt die Autonomie auf der Strecke.

Das Ideal emotionaler Sicherheit schafft einen Widerspruch, den die meisten Partner auf Dauer nicht aushalten. Beispielhaft zeigen das die Worte einer fünfundvierzigjährigen Frau aus einer Fernsehdokumentation über Singles, die einen Mann sucht. »Einen Mann«, so ihre Worte, »zu dem ich aufschauen kann, an den ich mich anlehnen kann.« Doch dann fügt sie hinzu: »Aber nicht, wo ich mich unterordne, sondern wo ich auf Augenhöhe bin.« Diese Frau ist seit zwölf Jahren Single und findet keinen Mann. Das wundert nicht, denn einen Mann, zu dem man *auf Augenhöhe aufschauen* kann, gibt es nicht. Diese Frau ist sozusagen eingeklemmt zwischen ihrer Sehnsucht nach emotionaler Sicherheit und dem gleichzeitigen Bedürfnis nach Autonomie. Ihr Bauch – die Augenhöhe – setzt sich gegen ihre Vorstellung – aufschauen, anlehnen – durch. Real priorisiert sie nicht die Sicherheit, sondern die Unabhängigkeit, allerdings ohne dies selbst zu erkennen.

Auf emotionale Sicherheit fokussierte Partner drücken das meist in den Worten aus: »Ich möchte mich auf dich verlassen.« Diese Formulierung bedeutet im Kern: »Ich möchte mich verlassen«, man könnte auch sagen: »Ich möchte mich aufgeben.« Als ein auf den Augenblick bezogenes Gefühl gemeint, als Sehnsucht, vom alltäglichen Durchhalten, von Plänen und anderen Anstrengungen des Lebens loszulassen, sich an eine Schulter anzulehnen, sich geborgen zu fühlen, für Momente sein Ich loszulassen, ist die Sehnsucht der Selbstaufgabe ein wichtiger Teil jeder Paarbeziehung. Wer sich allerdings grundlegend auf den Partner verlässt, wer sein Ich dauerhaft loslässt, wer nur noch tut, was auch der andere tut, der gibt seine Autonomie auf. Der Partner macht es ebenso, und heraus kommt dabei eine gegenseitige Lähmung. Keiner von beiden kann mehr »Ich« sein, weil alles unterlassen werden muss, was beim anderen Unsicherheit oder Ängste auslösen könnte.

Wer nicht mehr »Ich« sein kann, weil er sich an die Sicherheitsbedürfnisse des Partners anpasst, entwickelt meist unterschwellige Aggression gegen die einengende Beziehung oder gegen den Partner, dem man unbewusst die Schuld für die eigene Enge in die Schuhe schiebt. Die bei allzu harmonischen Paaren oft vorhandene unterschwellige Aggression zeigt dann, dass die Partner nicht wirklich zu einer entsprechenden Selbstbeschränkung bereit sind. Vom Kopf her wollen sie Harmonie erzeugen, aber vom Bauch her bekämpfen sie sich in nicht endenden Streitereien. In diesen will jeder den anderen verändern, ohne dies deutlich machen zu wollen. Jeder beruft sich auf »uns« und meint doch »sich«, und jeder wirft dem anderen vor, nur »sich« und nicht »die Beziehung« zu meinen. Letztlich ziehen die Partner ein Ende mit Schrecken dem Schrecken ohne Ende vor. Nicht selten vermeiden Partner, die in einer solchen zwar emotional sicheren, aber zugleich erstickenden Beziehung gelebt haben, es nach der Trennung, sich auf eine neue Liebe einzulassen.

So ist auch emotionale Sicherheit idealisiert und nicht umsonst zu haben. Der Preis dafür ist Lebendigkeit, das Ergebnis lautet: Langeweile – ein Preis, den immer weniger Paare zu zahlen bereit sind.

Die Vorstellung der Verschmelzung

Partner, die Verschmelzung miteinander suchen, gehen noch einen Schritt weiter als jene, die emotionale Sicherheit anstreben. Sie verzichten für die Liebe nicht bloß auf ein Stück Unabhängigkeit, ihr Ideal ist die Einheit beider Partner und damit in letzter Instanz eine Selbstaufgabe. Sie wollen gleichsam als Individuum in der Liebesbeziehung »verschwinden«. Der verbreitete Spruch, mit dem das Ideal der Verschmelzung beschrieben wird lautet: »Liebe ist ein Ich, das ein Du sucht, um ein Wir zu werden.«

Diese symbiotische Sehnsucht nach Selbstauflösung beschreibt eine achtundvierzigjährige Frau so: »Schon als junge Frau hatte ich die Vorstellung, in meiner Brust wäre ein Reißverschluss, den würde ich aufmachen, er schlüpft hinein und ist dann immer bei mir.« Aus zwei mach eins, so einfach scheint das zu sein. Eine derartige Beschreibung von Paarliebe ist natürlich absurd. Hier wird die Auflösung zweier Selbst beschrieben. Wie sollte das möglich sein? Zwei Psychen können sich nicht vereinigen, zwei Gehirne nicht miteinander verschmelzen. Dennoch begegnet man einer derartigen Idealisierung der Einheit bei Experten und Laien gleichermaßen, wenn auch mit unterschiedlichem Schwerpunkt.

Laien idealisieren die romantische Liebe und möchten am liebsten für immer in der »himmlischen Einheit« der Verliebten schweben. Experten schätzen demgegenüber die Verliebtheit eher gering, sie idealisieren stattdessen die »irdische Einheit« der Partner, eine auf den Boden gebrachte Liebe. Nur: Auf dem Boden kommen Individuen inzwischen auch ohne Partner zurecht, kaum eine Beziehung ist noch als Versorgungsgemeinschaft gedacht, und wenn doch, dann meist nur für eine begrenzte Zeit, beispielsweise so lange, bis die Kinder aus dem Haus sind.

Wirtschaftlich, so wird allgemein eingeräumt, sei die »Einheit auf dem Boden« zwar nicht mehr nötig. Doch unter psychologischen Gesichtspunkten könne auf die Einheit der Partner keinesfalls verzichtet werden, durch sie werde der Mensch ganz. Ist der Mensch demnach halb? Offensichtlich glauben das manche professionellen Verschmelzungsanhänger. Meist beziehen sie sich dabei auf Platon und dessen Geschichte von den Kugelmenschen. Danach teilten die Götter die Menschen in zwei Teile, und erst in der psychischen Symbiose zweier Liebender würden sie wieder vollständig.

Es geht in dieser Vorstellung um eine wesensmäßige Vervollständigung. Diese macht jedoch nur Sinn, wenn man davon ausgeht, dass Männer und Frauen »von Natur aus« – also unabhängig von den konkreten sozialen Umständen – unterschiedliche Wesen haben. Das ist nicht der Fall, wie ich später noch ausführlich darlegen werde. Bei den sogenannten Wesensunterschieden zwischen den Geschlechtern handelt es sich um die Folgen von Rollenverhalten und nicht um naturgemäße Unterschiede. Weder Mann noch Frau sind unvollständig, schon gar nicht in einem sozialen und psychischen Sinn. Daher braucht es für die Paarliebe keine andere Hälfte, um mit ihr »ganz« zu werden. Es braucht für die Paarliebe lediglich die überzeugende Bestätigung, als getrenntes Individuum »ganz« zu sein. Gibt es demnach kein Wir in der Paarliebe?

Ein Wir oder zwei Ich?

Wenn sich ein Paar bildet, entsteht jedenfalls kein *reales* Wir. Das Wir der Partner hat weder einen Körper noch eine Psyche, es existiert lediglich in der Vorstellung, im Kopf jedes Partners. Das Wir ist eine Idee oder ein psychischer Eindruck der Liebenden. Diese Vorstellung speist sich aus zweierlei Erfahrungen. Einerseits aus dem Empfinden großer psychischer Übereinstimmung – das wiederum auf gleichlautenden Geschichten beruht –, andererseits aus symbiotischem Empfinden intensiver körperlicher, sexueller und emotional intimer Begegnungen.

Gleichlautende Geschichten entstehen, indem sich die Partner gegenseitig identische Innenwelten unterstellen. Sie fragen gewissermaßen: »Fühlst/siehst/denkst du auch, was ich fühle und sehe und denke?« Und die Antwort lautet oft genug: »Aber ja, genau dasselbe wie du!« Man teilt offenbar den gleichen Geschmack, die gleichen Ansichten, die gleichen Interessen, die gleichen Bedürfnisse, die gleichen Lebensziele, die gleichen Sehnsüchte, man zeigt das gleiche Verhalten – und kann diesen Eindruck, beinahe perfekt ineinander zu passen, aufrechterhalten, solange man nicht allzu genau hinschaut.

Zu den erzählten Geschichten kommen Begegnungen auf körperlicher und erotischer Ebene hinzu, die ein besonders starkes symbiotisches Empfinden entstehen lassen. Indem sich die Partner ganz auf die sinnliche Begegnung konzentrieren, gerät ihr Ich aus dem Blick, es hat sich scheinbar aufgelöst. Das Bewusstsein ist mit der Wahrnehmung des Kontakts zum anderen ausgefüllt, mit seinem Geruch, seiner Haut, seinem Lächeln, seiner Berührung. In solchen Momenten fühlt man sich tatsächlich verschmolzen. Ich bezeichne diese heilsamen Erfahrungen als »Urlaub vom Ich«. Die körperlich-emotionale Symbiose hält allerdings nicht ewig, nach der erotischen Begegnung kehrt jeder wieder zu sich zurück.

So oder so, ob durch Geschichten oder durch erotisches Erleben, die Einheit der Liebenden wird kommunikativ erzeugt. Sie hält, solange die Liebenden durch die Kommunikation in der Lage sind, vom Getrenntsein abzusehen. Ob symbiotische Einheit im Himmel der Verliebten oder irdische Einheit durch Wesensgleichschaltung und verschachtelte Lebensführung – in jedem Fall darf der Eindruck des Wir nicht allzu sehr belastet werden. Solche Belastungen treten aber unweigerlich ein, sobald Unterschiede auftauchen, andere Ansichten, andere Bedürfnisse, andere Gefühle, andere Lebensträume. Dann muss im Namen der Symbiose versucht werden, diese Unterschiede aus dem Bewusstsein zu verbannen, und wenn das schon nicht vollständig gelingt, müssen sie jedenfalls aus der Kommunikation und dem Verhalten herausgehalten werden.

Unterschiede zu leugnen ist gleichbedeutend damit, sein Ich oder sein Selbst zu verleugnen. Da sich das Ich auch durch die schönste Leugnung nicht auflösen lässt, entwickeln symbiotische Partner Abneigung und früher oder später sogar Hass gegeneinander. Jeder lehnt den Partner ab, weil dieser ihm angeblich nicht sein Ich oder Selbst gönnt. Die Partner geben die Schuld an der Selbstverleugnung nicht dem eigenen Einheitsideal, sondern dem Partner.

Ein gutes Beispiel für eine solche Hassreaktion gibt ein Paar, bei dem die Frau glaubte, sie würde nur geliebt, wenn sie attraktiv für ihn ist, während er glaubte, für Liebe müsste er sie auf Händen tragen. Nachdem die beiden einige Jahre in diesem Muster gelebt hatten, fingen sie ständig zu streiten an. Als der Streit nicht nachließ, entstand – trotz aller Liebe – Hass. Sie warf ihm vor, sie könne nicht mal im Haus ungeschminkt herumlaufen, er warf ihr vor, sie sei unselbstständig und ihr wäre alles nie genug. Die Wahrheit war: Sie traute sich nicht, ohne Make-up zu sein, und er wagte es nicht, sich seine Erschöpfung einzugestehen. Nicht der andere trug die Schuld am beklagten Ich-Verlust, sondern das eigene symbiotische Verhalten und die Sehnsucht nach Selbstauflösung waren dafür verantwortlich.

Hass wird in solchen Fällen zu einer sinnvollen, aber natürlich auch unangenehmen und schmerzlich empfundenen Abwehrreaktion. Weil man sich den Partner nicht bewusst vom Leib halten will, übernehmen Hassgefühle notgedrungen diesen wichtigen Job. Hinter dem Gezänk und Kampf steckt Sinn: das Bedürfnis, zu sich selbst zurückzufinden.

Sollen symbiotische Konflikte beendet werden, führt kein Weg um die Erkenntnis herum, dass es nicht ein, sondern in Wirklichkeit *zwei Wir* gibt: das des einen und das des anderen Partners. Jeder verbindet eigene Interpretationen und Bedeutungen mit dem Wir der gemeinsamen Geschichten. Angefangen damit, was es bedeutete, »Ich liebe dich« zu sagen, bis hin zu den Bedeutungen, die man den kleinen und den großen Dingen, Ereignissen und Entwicklungen, Gefühlen und Empfindungen gibt. Nur wer das anerkennt und jedem der beiden Ich den Raum gibt, sich auch in der Beziehung zu zeigen, ist auf die eigenen unbewussten Abwehrreaktionen nicht angewiesen und kann die ersehnte Verschmelzung von Zeit zu Zeit genießen, ohne Angst haben zu müssen, darin verloren zu gehen.

Wenn jemand die eigene Symbiose-Sehnsucht durchschaut, kommt er zu der gleichen Erkenntnis, zu der eine Klientin gelangte, nachdem sie ihre vergeblichen Verschmelzungsversuche eingestellt hatte: »Ich dachte immer, es geht darum, eins zu sein. Man wird aber nicht eins, man geht bloß ein.« Es gibt eben auf Dauer keinen guten Weg, auf das Ich-Sein zu verzichten.

Wer eine Einheit mit dem Partner bilden und gleichzeitig ein Ich sein will, befindet sich in einem Widerspruch, aus dem es nur einen Ausweg zu geben scheint: Der Partner soll so werden, wie man selbst ist. Das aber wäre das Ende der Liebe, wie sie heute gemeint ist. Denn wäre der Partner so, wie man selbst ist, verlöre die Bestätigung durch ihn jeden Wert und jede Bedeutung. Man würde sich ja im Grunde selbst bestätigen. Die emotional/leidenschaftliche Liebe jedoch braucht Bestätigung vom anderen, von jemandem, der *anders* ist und der ebenso gut mit jemand anderem zusammen sein könnte. Von jemandem, der sich »für mich« entschieden hat, ohne dazu gezwungen zu sein. Von jemandem, der »mich« meint und es durch die Freiheit seiner Wahl beweist.

So gilt hinsichtlich der Verschmelzung in der Paarliebe mittlerweile, was auch für die Vorstellungen von Dauer und Sicherheit gilt: dass der Bauch über den Kopf dominiert, weil die Selbsterhaltung eine höhere Bedeutung einnimmt als das Einswerden. Eine Beziehung hat heute Wert, wenn es darin möglich ist, »Ich« zu sein. Und auf beide Partner bezogen heißt das, zwei zu bleiben.

Im Bauch: die neuen Erwartungen

Welche mitgebrachten Vorstellungen die meisten Partner und viele Fachleute gemeinhin mit der Paarliebe verbinden, habe ich geschildert, und auch die inneren Spannungen und Konflikte angedeutet, die sich daraus ergeben, wenn der Bauch nicht mit dem Kopf übereinstimmt. Nun komme ich zu den Erwartungen, zu dem, was wirklich zählt und sich im Paarleben letztendlich durchsetzt. Lassen Sie mich anfangs noch einige Worte über die Diskrepanz von Kopf und Bauch verlieren.

Der Kopf symbolisiert in meiner Sichtweise die Identifikation eines Menschen, das, was er für richtig hält und was er leben möchte, die Welt seiner Selbstvorstellung und auch der dazugehörenden Partnerschaftsvorstellungen. Der Bauch hingegen steht für die anderen Anteile einer Persönlichkeit, mit denen der Mensch sich nicht identifiziert hat, die er meist bewusst ablehnt, die aber dennoch vorhanden sind und auf das Empfinden und Verhalten einwirken.

Beispielsweise könnte sich jemand vom Kopf her damit identifizieren, ein belastbarer Arbeitnehmer oder ein zielstrebiger Unternehmer zu sein. Er erzählt sich und anderen Menschen auf die eine oder andere Weise: »Ich bin stark und zielstrebig.« Aber natürlich braucht er auch Spaß, will das Leben genießen, mal schwach oder faul sein und einen Partner lieben. Wenn seine

Identifikation nun keinen Raum für diese – aus der Sicht des »Zielstrebigen« – nutzlosen Anteile seiner Persönlichkeit lässt, setzen sich diese auf Dauer gegen das dominierende Ich durch. Sie tun das, indem sie sich ins Unbewusste zurückziehen und sich den bewussten Absichten von dort aus in den Weg stellen. Das Ergebnis eines solchen inneren Konflikts – »Stärke versus Schwäche« oder »Zielstrebigkeit versus Gelassenheit« – kann beispielsweise Erschöpfung, das Gefühl der Sinnlosigkeit oder gar eine Depression sein, ein Burnout-Syndrom. In dem Fall hätte sich der Bauch gegen den Kopf durchgesetzt, und zwar auf eine konfliktreiche Weise.

In Beziehungen verhält es sich genauso. Die Partner wollen etwas Bestimmtes leben, aber sie enden nicht zufällig an völlig anderen Punkten. In Bezug auf ihre Ideale mögen sie dann versagt haben, aber letztlich sind sie ihren grundlegenderen Bedürfnissen nachgegangen. Dieser Mechanismus trifft auf die drei angeblich wesentlichen Merkmale der Paarliebe zu, auf die Dauer, die Sicherheit und die Einheit der Liebenden. Statt dort zu landen, stellen immer mehr Partner fest, in ihrer Lebensrealität die Merkmale Intensität, Lebendigkeit und Begegnung anzustreben und zu bevorzugen.

Man könnte diese drei Merkmale unter dem dem Stichwort »neue Erwartungen« fassen, denn sie hängen eng miteinander zusammen. Intensität schafft Lebendigkeit, und beides ist das Ergebnis intimer Begegnungen. Ich möchte diese Erwartungen dennoch getrennt voneinander betrachten, um die eine oder andere Besonderheit herauszuheben.

Die Erwartungen hoher Intensität – statt der Dauer

Jeder will eine ewige Liebe und eine lang währende Partnerschaft, dabei sind es die Partner selbst, die mittlerweile Erwartungen aufgebaut haben, die sich mit dem eigenen Anspruch auf schiere Dauer nicht vertragen und diesen torpedieren. Dies beschreibt der Hamburger Wissenschaftler Professor Gunter Schmidt beispielhaft aufgrund einer Untersuchung von Beziehungen:

> *Dabei ist der Wunsch nach dauerhaften, ja lebenslangen Beziehungen nach wie vor verbreitet, aber es ist nicht der Wunsch nach Dauer per se, sondern nach Dauer bei hoher emotionaler Qualität. Es erscheint paradox, aber es ist so: Die Instabilität heutiger Beziehungen ist nicht, wie manche Moralisten oder auch Psychotherapeuten klagen, eine Folge von Bindungslosigkeit oder Beziehungsunfähigkeit; sie ist vielmehr die Konsequenz des hohen Stellenwertes, der Beziehungen für das persönliche Glück beigemessen wird und der hohen Ansprüche an ihre Qualität. Dadurch wird die Trennungsschwelle niedriger, und das führt zu multiplen Trennungserfahrungen und dazu, dass heute massenhaft Beziehungen getrennt werden, die früher als gesund und keinesfalls als zerrüttet gegolten hätten.*[9]

Schmidts Untersuchung bestätigt, dass die emotionale Qualität einer Beziehung zunehmend höher gewichtet wird als ihre schiere Dauer. Eine emotional weniger intensive Beziehung, etwa eine vorwiegend freundschaftliche Paarbeziehung, wie sie früher angestrebt wurde, scheint vor dem Hintergrund gewachsener Ansprüche wenig attraktiv zu sein. Beziehungen sollen emotionales Glück bescheren, und wenn sie das auf Dauer nicht können, verlieren sie an Wert. Eine Beziehung kann gern lebenslang dauern, wenn sie die erwünschte Intensität mitbringt. Aber wenn die nötige emotionale Qualität fehlt, macht es für die Partner kaum noch Sinn, an der Vorstellung der Dauer festzuhalten. Würden die Partner die Dauer im Auge haben, müssten sie individuelle Unterschiede weitgehend unbeachtet lassen und verstießen damit gegen ihre eigenen Erwartungen, die ja auf Bestätigung individueller Eigenarten und den dadurch erreichten Bedeutungsgewinn abzielen.

Mit Intensität stellen Partner exakt die entgegengesetzte Erwartung an eine Beziehung, wie das zu den Hochzeiten der partnerschaftlichen Liebe der Fall war. Damals galten Emotion und Leidenschaft als gefährlich für die Paarliebe, weil sie nicht berechenbar sind, sondern schwanken. Das hat sich gründlich verändert. Heute wird die Gefahr emotionaler Schwankungen gebraucht, um einer Beziehung die ersehnte emotionale Intensität zu verleihen. Ohne Gefahr stellt sich nämlich kein intensives Erleben ein, sondern Langeweile. Was heute zählt, ist de facto weniger die Verlässlichkeit als vielmehr die Lebendigkeit.

Die Erwartung von Lebendigkeit – statt von Sicherheit

Auch die Vorstellung einer sicheren Beziehung hat real an Wert verloren. Was einem sicher scheint, verliert allgemein an Bedeutung. Wenn man sich sowohl der Beziehung als auch des Partners sicher wähnt, wird beides unbedeutender. Bei einer solchen Konstellation wird es schwierig, der zentralen Aufgabe der neuen Liebe nachzukommen, die ja gerade darin besteht, dem Partner zu vermitteln, welch hohe Bedeutung er hat. Kann man einem Partner, der einem mittlerweile selbstverständlich erscheint, vermitteln, dass er der wichtigste Mensch ist, und zwar gerade deshalb, weil er so individuell, so einzigartig ist und man es aufregend findet, ihn von Zeit zu Zeit neu kennenzulernen?

Das Gegenteil wird der Fall sein. Fühlt man sich des Partners sicher, schlägt sich das in relativ achtlosem Verhalten nieder. Indem man sich etwa weniger für das interessiert, was den Partner bewegt. Indem man respektloser gegenüber seinen Äußerungen wird. Indem man seine Bedürfnisse vernachlässigt. Indem man weniger Zeit mit ihm verbringt.

Die emotional/leidenschaftliche Liebe lebt davon, ein vitales Bedürfnis nach Kontakt zum Partner zu haben, und nicht davon, mit ihm zusammen zu sein, weil es bequem und sicher ist. Daher sind Partner nicht mehr endlos bereit, eine langweilige, scheinbar sichere, aber in Wahrheit in Kompromissen erstarrte Beziehung zu ertragen. Sie wollen das Gefühl erfahren, als Individuum gemeint zu sein. Und damit das möglich ist, präsentieren sie sich von Zeit zu Zeit als jemand, der anders als erwartet ist. Das garantiert Aufregung, schafft aber immer wieder Gelegenheit, sich gegenseitig zu bestätigen, dass man den anderen meint.

Sicherheit soll durch möglichst viel Gemeinsamkeit gewährleistet werden, durch die hier schon vielfach erwähnte Konzentration auf Verbindendes. Auf gemeinsame Ansichten, gemeinsame Hobbys, gemeinsame Vorlieben. Dieser schonende Umgang mit individuellen Eigenarten ist aber nur in der Anfangszeit der Liebe, in der Phase der Verliebtheit, wichtig und produktiv. Wenn die Beziehung schon eine Weile besteht und wenn sie fest genug erscheint, um Unterschiede zu ertragen, ist es Zeit, diese weiteren Facetten der Individualität einzubringen. Auch Unterschiede müssen Bestätigung erfahren, mehr noch, sie werden zu Zwecken der Lebendigkeit gebraucht.

Lebendigkeit gleicht einem Feuer, das durch Funken entfacht wird. Den nötigen Brennstoff für das Feuer liefert die Individualität der Partner. Der Funke, der das Feuer auflodern lässt, ist der Mut, zu sich zu stehen und sich mit dem zu zeigen, was einen vom Partner unterscheidet, mit abweichenden Bedürfnissen und offenen Sehnsüchten ebenso wie mit angesammelter Unzufriedenheit.

Natürlich ist es »gefährlich«, sich dem Partner mit seinen Unterschieden zuzumuten. Aber Lebendigkeit wohnt nicht auf der Couch, sie segelt im Schatten der Gefahr. Werden Gefahren vermieden, indem abweichende Bedürfnisse verleugnet werden, ziehen sich diese Kräfte ins Unbewusste zurück, um von dort aus unkontrollierbar Gefahren zu provozieren. Das wiederum verhilft der Lebendigkeit zu Chancen. Dann bricht womöglich ohne benennbare Ursache ein Streit aus, woraus sich die Möglichkeit einer Versöhnung ergibt. Mitunter geschehen Seitensprünge, die die Beziehung zwar gefährden, aber zugleich die Bedeutung füreinander wieder in den Mittelpunkt rücken. Oder die Partner nehmen Abstand voneinander, was Leid und Leidenschaft aufrufen kann und die Sehnsucht stärkt, den Graben, der sich unvermittelt aufgetan hat, zu überwinden und wieder zueinanderzufinden.

Gefahr wird zu Zwecken der Lebendigkeit gebraucht. Gefahr meint hier jedoch nichts Spektakuläres, aber etwas durchaus Bedeutsames. Die größte Gefahr für Liebende, die sich im Grunde ihres Herzens nach Bestätigung sehnen, besteht darin, vom Partner abgelehnt zu werden. Sich zu zeigen, ist gefährlich. Solche Gefahren können zu intensiven Begegnungen führen, indem sie es den Partnern ermöglichen, sich neu anzusehen und einander neu zu *begegnen.*

Die Erwartung von Begegnung – statt von Verschmelzung

Weiter oben, beim Stichwort »Verschmelzung«, habe ich Platons Mythos von den Kugelmenschen zitiert und auf die Rollenteilung bezogen. So gesehen wurden die Geschlechter erst dadurch »halb«, weil sich Männer auf sogenannte männliche und Frauen auf sogenannte weibliche Eigenschaften reduzieren mussten. Die traditionelle Rollenteilung verstärkte in der Tat das Bedürfnis nach psychischer Verschmelzung. Denn nur indem Mann und Frau zusammenkamen, konnten sie nahen Kontakt zu den Eigenschaften aufnehmen, die sie für sich selbst nicht haben durften. Die Sehnsucht der Frau nach »männlicher Stärke« und die des Mannes nach »weiblicher Sanftheit« und allem anderen, was einem geschlechtstypisch vorenthalten wurde, waren insofern nachvollziehbar.

Was aber passiert heute, wo nicht »Hälften« aufeinander treffen, sondern differenzierte Individuen? Wo es starke Frauen und weiche Männer gibt? Wo sich keine Hälften mehr finden, die miteinander verschmelzen könnten?

Was bleibt den entwickelten Einzelnen dann, außer sich *begegnen* zu können?

Begegnung und Verschmelzung sind entgegengesetzte Konzepte. Verschmelzung will individuelle Identität auflösen, Begegnung ist geradezu auf individuelle Identitäten angewiesen. In der Verschmelzung werden zwei Ich zu einem Wir verschweißt, in einer Begegnung entsteht die Beziehung als etwas Drittes zwischen den Individuen.

Der Unterschied zwischen den Konzepten »Verschmelzung« und »Begegnung« lässt sich zeichnerisch recht anschaulich darstellen:

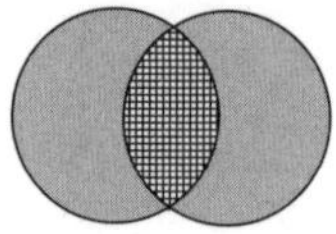

Diese Zeichnung bringt die Auffassung zum Ausdruck, dass zwei Psychen in der Liebe zu einem »Paarkörper«, zu einem Wir, verschmelzen. Die Individualität der Partner löst sich in der Verbindung auf, umso mehr, je größer die Überlappung ist.

Nun eine weitere Zeichnung:

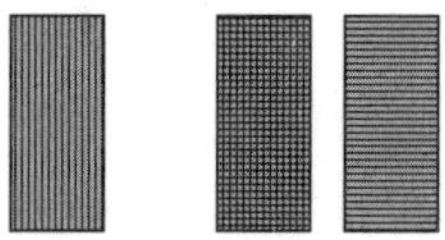

Hier sind zwei unterschiedliche Psychen im kommunikativen Bezug aufeinander abgebildet, in einer Begegnung. Durch diesen »Vorgang Liebe« entsteht die Beziehung als Drittes *zwischen* den Partnern. Dadurch bleibt deren Individualität unbeschadet erhalten. Ihre individuelle Unterschiedlichkeit ist sogar Voraussetzung dafür, dass sich die Beziehung bilden kann. Wieso? Weil, wie schon erwähnt, nur die Bestätigung eines »anderen« und nicht die eines »Gleichen« von Wert ist und die gesuchte Bedeutung vermittelt.

Das Bedürfnis der Einzelnen, ihre Individualität zu erhalten und bestätigt zu bekommen, kann nur von einem Konzept, in dem Beziehung als Begegnung begriffen wird, angemessen aufgriffen werden. Wie stark dieses Bedürfnis ist, zeigt sich in typischen Aussagen, die Partner heute in Bezug auf Beziehungen machen. Auch wenn sie eine Liebesbeziehung führen, betonen sie durchweg:

- Ich möchte Ich bleiben.
- Ich möchte als die Person geliebt werden, die ich bin.
- Ich will um meiner selbst willen geliebt werden.
- Ich möchte mich nicht aufgeben.
- Ich möchte in meinen Eigenarten gesehen werden.
- Ich möchte auch mit meinen Schwächen angenommen werden.

Solche Sätze hätten unsere Eltern kaum und unsere Großeltern nie über die Lippen gebracht, dafür mussten erst differenzierte Individuen geboren werden.

Ein Ich-selbst-Bleiben in Liebesbeziehungen ist nur in Form von Begegnungen möglich. Praktisch gesehen müssen Partner, die ihre Individualität erhalten wollen – und das, um in der Gesellschaft klarzukommen, auch tun müssen –, nicht mehr alles gemeinsam unternehmen. Sie können sich, wie gesagt, getrennte Freundeskreise zugestehen, sie führen oft weder gemeinsame Konten noch haben sie gemeinsame Schlafzimmer, manchmal leben sie sogar in getrennten Wohnungen. Weil sie Beziehung als Begegnung begreifen, kann jeder seinen eigenen beruflichen Weg gehen, kann jeder seine eigenen Hobbys haben, seinen eigenen Vorlieben und Abneigungen folgen. Wichtig ist allein, dass es in Abständen zu erneuten Begegnungen kommt, zu den intensiven Begegnungen der emotional/leidenschaftliche Liebe.

Verschmelzung ist, betrachtet man das reale Paarleben, ziemlich out. Die Partner kleben nicht mehr zusammen, sie begegnen sich in Abständen. Sie begreifen eine Liebesbeziehung längst als eine Kette von Begegnungen.

Ketten von Begegnungen

Aus Sicht der Wahrnehmungstheorie besteht eine Beziehung, solange zwei Menschen aufeinander reagieren. Sie endet, sobald die Kommunikation eingestellt wird, und beginnt neu, wenn der Kontakt wieder aufgenommen wird. So gesehen wird jede menschliche Beziehung und erst recht eine Paarbeziehung, die länger besteht, zu einer langen Kette von Begegnungen.

Hieraus ergeben sich weitere Erkenntnisse. Beispielsweise, dass man keine Beziehung »haben«, man kann sie lediglich kommunikativ *führen* kann. Über den Moment des gegenwärtigen Kontakts hinaus besteht eine Beziehung lediglich im Gedächtnis der Partner.

Eigentlich könnte man auf den Begriff der »Liebesbeziehung« verzichten und ihn durch den Begriff der »Liebesbegegnung« ersetzen. Dann habe ich keine Liebesbeziehung mehr, sondern ich habe Liebesbegegnungen. Das klingt zwar merkwürdig, macht aber Sinn, zumal diese Formulierung darauf hinweist, dass Beziehungen nur fortbestehen, wenn sie immer wieder aufgenommen werden, ansonsten bleiben sie liegen. Zusammenzuleben heißt nicht unbedingt, sich zu begegnen.

Der Begegnungscharakter von Beziehungen zeigt sich, wenn man ein Paar beispielsweise fragt: »Wann war eure letzte erotische Begegnung?« Diese mag Tage oder Wochen zurückliegen, und wann der erotische Kontakt fortgeführt wird, ist unklar. Ebenso könnte man fragen: »Wann war eure letzte partnerschaftliche Begegnung« – und würde zu hören bekommen, dass die beiden gerade abgesprochen haben, wer den Einkauf macht und wer das Bad putzt oder welcher Fernseher gekauft wird. Fragt man nach der letzten freundschaftlichen Begegnung, erfährt man, dass die beiden gestern miteinander im Kino waren.

Man kann auch nach der letzten emotional/leidenschaftlichen Begegnung fragen, also nach einer Begegnung als Liebespaar. Diese Begegnung wäre durch Offenbarung und Zuwendung zu dem gekennzeichnet, was den einen oder anderen Partner im Innersten bewegt – durch emotionale Intimität. Bei manchen Paaren wird eine solche emotional/leidenschaftliche Begegnung gerade passiert sein, etwa, indem einer von seinen Bedürfnissen, Begierden, Sehnsüchten oder Ängsten erzählt hat und dafür Bestätigung erhielt, bei anderen Paaren mag solch eine Begegnung Tage oder Wochen zurückliegen, manchmal Monate oder sogar Jahre. Wenn sie aber geschieht, vermittelt jede emotional/leidenschaftliche Begegnung erneut das Gefühl, »ganz« geliebt zu sein. Auch darauf werde ich noch zurückkommen.

Was wirklich zählt

Halten wir fest: Partner sind hinsichtlich ihrer Vorstellungen und Erwartungen an eine Paarliebe ziemlich widersprüchlich. Obwohl sie bereits die neue Liebe wollen und sie leben, irrt noch manche Vorstellung von gestern in ihren Köpfen herum.

Partner träumen weiterhin von lebenslanger Liebe, wo sie doch längst Intensität der Dauer gegenüber bevorzugen.

Partner träumen von einer sicheren Liebe, während sie ihre Beziehung ständig den Gefahren der Individualität aussetzen, um Lebendigkeit zu erleben.

Partner sehnen sich nach Verschmelzung, während sie längst durch individuelle Authentizität gekennzeichnete Begegnungen führen.

Man darf sich hinsichtlich der idealen Vorstellungen und realen Erwartungen der heutigen Partner nicht täuschen lassen, und auch die Partner selbst sollten sich nichts vormachen. Sie versuchen an den alten Vorstellungen festzuhalten, aber andere Erwartungen sind längst wichtiger geworden.

In einer Paarliebe, in der Gefühle ins Zentrum des Geschehens gerückt sind, setzen sich Intensität gegen Dauer, Lebendigkeit gegen Sicherheit und Begegnung gegen Verschmelzung durch.

Was die neue Liebe von den Partnern verlangt

Was Partner von der neuen Liebe erwarten, habe ich geschildert, und das ist die eine Sache. Was die Liebesbeziehung den Partnern abverlangt, ist eine andere Sache. Um welche Anforderungen handelt es sich dabei?

In erster Linie müssen Partner, wenn sie ihre emotional/leidenschaftliche Beziehung erhalten wollen, folgenden Erfordernissen nachkommen:

- Veränderungen aufgreifen,
- die Veränderungen des Partners erkennen,
- die eigenen Veränderungen erkennen,
- das Wesen des Innersten verstehen,
- das Paradox der Paarliebe respektieren,
- Bereitschaft zur Bewältigung schwieriger Lagen aufbringen,
- Rollen flexibel einnehmen und wieder aufgeben und
- Chancen wahrnehmen und Risiken eingehen.

Das sind die Themen, denen ich mich im Folgenden intensiver zuwenden werde.

Diese acht Anforderungen, die die neue Liebe an die Partner richtet, sind nicht gering, sondern so anspruchsvoll, wie es dem Wesen der Ganzliebe entspricht. Befassen wir uns mit diesen Punkten etwas detaillierter.

Veränderungen aufgreifen

Veränderungen sind im Dasein der Individuen unvermeidbar. Mit einer Veränderung ist hier jede Veränderung im Zustand des Einzelnen gemeint, die sich auf sein Verhalten in einem der drei Liebesbereiche auswirkt und damit auf die Paarbeziehung.

Im partnerschaftlichen Bereich spielen individuelle Veränderungen nur dann eine Rolle, wenn sie die Zusammenarbeit in einem gemeinsamen Projekt, beispielsweise im Projekt »Alltagsbegleitung« oder »Alltagsbewältigung« oder »Familie«, beeinträchtigen. Das ist der Fall, wenn ein Partner erkrankt, seine Leistungsfähigkeit verliert, er unzuverlässig oder wortbrüchig wird. Denn in der partnerschaftlichen Verbindung kommt es, wie gesagt, darauf an, dass jeder seine Pflichten erfüllt und seinen Beitrag für das gemeinsame Projekt leistet, dass er verlässlich und vertrauenswürdig bleibt. Veränderungen in anderen Bereichen sind für den partnerschaftlichen Bereich relativ unerheblich. So ist es für die Partnerschaft unwichtig, welche Bedürfnisse der Einzelne entwickelt oder in welchen emotionalen Zuständen er sich befindet. Ob er von einer Weltreise träumt, ob er gut oder schlecht gelaunt ist, ob er sich einsam fühlt oder nicht, ob er sexuell erfüllt ist oder nicht – all das spielt keine Rolle, solange er seinen Teil beiträgt.

Im freundschaftlichen Bereich spielen individuelle Veränderungen eine Rolle, wenn sie sich auf den wohlwollenden Umgang miteinander auswirken. In diesem Liebesbereich kommt es ja darauf an, sich gegenseitig bei den Interessen und Vorlieben zu unterstützen, sich gegenseitig anzuregen und in der persönlichen Entwicklung zu fördern. Wenn sich nun beispielsweise die Vorlieben eines Partners verändern, kann die freundschaftliche Bindung beeinträchtigt werden. Möglich wäre auch, dass Partner kulturelle Interessen teilten, einer aber die Lust daran verliert, oder dass zwei bisher eine Sportart gemeinsam ausübten, Tennis, Reiten, Segeln, Joggen etc., einer aber nicht mehr mitmachen will, aus welchen Gründen auch immer.

Ein weiterer Aspekt von Veränderung ergibt sich bei der Wesensfaszination, die ebenfalls in den freundschaftlichen Liebesbereich gehört. War etwa der erwähnte »luftige« Partner lange Zeit von seinem »bodenständigen« Partner fasziniert, kann er diese Faszination verlieren, wenn er im Laufe der Jahre selbst eine ausreichende Bodenständigkeit entwickelt. Dann mag er seinen Partner zwar noch gut finden, aber er wird nicht mehr von ihm bezaubert sein und sich weniger nach dessen Nähe und dem Austausch mit ihm sehnen.

Am massivsten wirken sich individuelle Veränderungen in der emotional/leidenschaftlichen Liebe aus. Das ergibt sich aus der zentralen Bedeutung, die der Individualität in diesem Liebesbereich zukommt. Hier geht es um sexuelle Erfüllung, um zärtliche Bedürfnisse, um verborgene Gefühle, um Ängste und Sehnsüchte, um Zuwendung zu ansonsten abgeschotteten, intimen Winkeln des Selbst. Kurz: um die verpflichtende Teilhabe an allem, was den Partner im Innersten bewegt.

Durch solche Teilnahme am Innersten entstand in der Verliebtheit der Eindruck, man kenne und liebe sich »ganz«. Von diesem Moment an geht jeder davon aus, dass der Partner »so ist« und dass er »so bleibt«. Das kann aber allein schon deshalb nicht gelingen, weil anfangs jeder nur bestimmte Seiten von sich zeigte. Auf Dauer schaffte es kein Paar, individuelle Unterschiede voreinander zu verbergen, ganz im Gegenteil. Im Laufe der Zeit nimmt das Bedürfnis zu, »auch damit«, auch mit den Unterschieden angenommen zu sein. Sobald ein Partner jedoch zeigt, wie er sonst noch ist, beginnen Komplikationen. Dieses Outing erlebt der andere als indirekte Bedrohung. Dann heißt es womöglich: »So kenne ich dich gar nicht, früher warst du immer so zuversichtlich, jetzt bist du oft so niedergeschlagen.« Oder: »Anfangs warst du liebevoll, neuerdings lässt du deine Launen an mir aus.« Oder: »Früher hast du mich gebraucht, heute kommst du offenbar alleine klar.«

Zwar kann kein Partner so bleiben, wie er sich zu Beginn präsentierte. Dennoch ist verständlich, dass man den anderen so, wie er zu sein schien, behalten möchte. Man glaubte schließlich, man wüsste, mit wem man es zu tun hat! Man glaubte, den Partner zu kennen. Und jetzt das! Neben der Illusion, ganz geliebt zu sein, zeigt sich nun eine weitere Illusion, die Illusion, man würde einander kennen. Man wüsste, wer der andere »ist«. So, als ob man in den Partner hineinsehen könnte. Da stellt sich allerdings die Frage, ob man eine Person überhaupt jemals kennen kann?

Eine Person kennen

Um jemanden zu kennen wie er »ist«, um seine Persönlichkeit zu kennen, müsste eine wesentliche Voraussetzung erfüllt sein: Derjenige müsste über eine fertige Persönlichkeit verfügen, er müsste seine persönliche Entwicklung abgeschlossen haben. Die Idee, jemand hätte eine Persönlichkeit, ist zwar weit verbreitet, und gemeinhin wird davon ausgegangen, dass ein Erwachsener über eine entwickelte Persönlichkeit verfügt, sozusagen über eine fertig entwickelte, doch wer so denkt, hat eine statische Vorstellung von der Psyche und der Person.

Man kann ein Haus kennen, sobald es fertiggestellt ist. Dann steht fest, wo Eingang und Keller sind, wo sich Türen und Fenster befinden, wo das Licht eingeschaltet wird oder wo man den Sicherungskasten findet. Ein Haus aber, an dem offensichtlich und dazu sogar noch heimlich (also unbewusst) ständig herumgebaut wird, kann man niemals kennen, weil es niemals abgeschlossen ist. Wo gestern eine Tür war, ist heute eine Wand, wo gestern eine Decke zwar, klafft heute ein Loch im Boden, wo gestern ein Bett seinen Platz beanspruchte, steht heute ein Schrank, wo gestern eine Treppe war, befindet sich heute ein Gitter.

Vergleichbar einem solchen, nie endenden Bauwerk muss man sich die Psyche des Menschen vorstellen: als ein unfertiges, ständig im Umbruch befindliches Gebilde, bei dem permanent sowohl absichtlich als auch unbewusst Veränderungen stattfinden. Die Psyche wird niemals fertig gestaltet sein, weil sich der Einzelne Zeit seines Lebens in dynamischen und komplexen inneren sowie äußeren Welten zurechtfinden muss. Um in ihnen klarzukommen, braucht es eine Psyche, die ebenso dynamisch und komplex ist wie ihre Umgebung. Es braucht eine Psyche, die immer wieder zu Veränderungen fähig ist. Und weil wir in den heutigen, individualisierten Verhältnissen leben und über eine solche Psyche verfügen, macht es keinen Sinn mehr, von »der Persönlichkeit« oder »dem Charakter« eines Menschen zu sprechen. Soziologen benutzen stattdessen den Begriff der «multiplen Persönlichkeit« und meinen damit, dass jeder Einzelne nicht über ein Gesicht, sondern über zahlreiche Gesichter, nicht über einen Charakter, sondern über viele Charaktere verfügt.

Eine multiple Person zu sein bedeutet: Ich bin nicht auf ein bestimmtes Verhalten festgelegt, sondern kann es an die Umstände anpassen. Gegenüber dem einen Menschen kann ich mitfühlend sein, gegenüber einem anderen teilnahmslos. Einem kann ich unter die Arme greifen, einen anderen fallen lassen. Ich kann mich für die Umwelt engagieren und dennoch ein dickes Auto fahren. Ich kann für Flüchtlinge spenden und mich dennoch an einer Bürgerinitiative gegen die Ansiedlung von Flüchtlingen in der Nachbarschaft beteiligen. Ich kann meine Partnerin lieben und dennoch fremdgehen. Ich kann heute friedlich sein und morgen aggressiv. Ich kann mich für ehrlich halten und dennoch Steuern hinterziehen. Es geht noch extremer: Was müsste geschehen, damit ich in der Lage bin, einen Menschen zu töten? Was müsste geschehen, um einen Arbeitskollegen zu verraten? Was müsste geschehen, damit ich meinen Optimismus verliere? Was würde mich über meine Ängste hinauswachsen und Taten wagen lassen, von denen ich momentan nicht einmal zu träumen wage? Was könnte mich depressiv werden lassen? In was für einen Menschen verwandelt mich ein Unfall, eine Krankheit oder gar ein Glücksfall? Welche Situation ruft welche helle oder dunkle Seite in mir hervor? Das alles kann ich nicht wissen.

Jeder vermag in einem Moment eine bestimmte Person zu sein und im nächsten Moment eine ganz andere – zu dieser Veränderung benötigt es lediglich einen Wechsel der Umstände und der Zustände. Es gibt daher kein verlässliches »Ich« mehr, es gibt keinen festen Charakter mehr, an dem man in allen Lebenslagen festhalten könnte. Es gibt keine verlässliche Person, auf die man lebenslang zählen kann, es gibt zahlreiche »Ich«.

Auf diese Vielfältigkeit der Person, auf ihre multiple Eigenschaft, weist auch die folgende, psychologisch zeitgemäße Definition der Persönlichkeit hin, die der Psychologe Lothar Laux 2003 formuliert hat:

> *Die Persönlichkeit lässt sich verstehen als die Gesamtheit aller psychischen Eigenschaften und Verhaltensbereitschaften, die dem Einzelnen seine eigentümliche, unverwechselbare Individualität verleiht.*

Die Definition lässt die Bandbreite dessen erahnen, was wir unter dem Hut einer Persönlichkeit subsumieren. Wer könnte die Gesamtheit aller psychischen Eigenschaften und Verhaltensbereitschaften eines Menschen – oder gar von sich selbst – aufzählen? Niemand. Solches zu beschreiben ist nur im Nachhinein möglich.

Stellen Sie sich vor, sie müssten eine Art Landkarte Ihrer Psyche zeichnen, in der sämtliche Ihrer *psychischen Eigenschaften und Verhaltensbereitschaften* eingetragen sind. Könnten Sie einen derartigen Überblick über Ihre Persönlichkeit anfertigen? Wäre darin alles enthalten, was Sie schon getan haben und darüber hinaus das, wozu Sie noch fähig sein werden? Auf keinen Fall! Sie würden lediglich das notieren, woran Sie sich jetzt noch erinnern (wollen) und was Sie sich zukünftig vorstellen können. Sie würden Geschichten über sich erzählen, aber Ihre Landkarte wäre eine absolut unvollständige und lückenhafte Angelegenheit, an ihr könnte sich niemand verlässlich orientieren, weder Sie selbst noch Ihr Partner.

Niemand hat einen Überblick über seine Psyche, auch der Betreffende selbst »kennt« sich nicht ganz, weil es keine Ganzheit gibt. Noch unmöglicher ist es, den Liebespartner *ganz* zu kennen. Was man kennt, ist bisheriges Verhalten, und wenn man sich darauf verlässt, wird man in der Folge oft von den Ereignissen – von unerwartetem Verhalten - verlassen. Denn die Beobachtung zeigt, dass Veränderung auf individueller Ebene die Regel und nicht die Ausnahme darstellt.

Warum betone ich die Unvermeidbarkeit von Veränderungen? Weil sie im Leben und gerade für das Thema Liebesbeziehung und Partnerschaft eine so große Rollen spielen, dass man diesbezüglich kaum übertreiben kann.

Veränderungen schaffen Chaos

Veränderung ist ein großes Wort, doch man darf sich darunter nicht vorstellen, dass jemand von einem Moment auf den anderen eine *völlig* andere Person werden kann. Das ist nur in Ausnahmefällen möglich, dazu braucht es sehr einschneidende Ereignisse, einen Unfall etwa oder eine schwere körperliche oder psychische Krankheit. Veränderung findet selten derart umfassend statt, aber auch kleine oder mittlere Veränderungen können bedeutsame Folgen nach sich ziehen.

Was kann sich beim Individuum verändern? Beinah alles. Zustände, Gefühle, körperliche Verfassungen, emotionale Bedürfnisse, geistige Interessen, Vorlieben, Vorstellungen, Abneigungen, Zukunftspläne, Lebensträume ... Und in der Folge davon das Verhalten des von der Veränderung betroffenen Einzelnen, von dem wiederum der Partner betroffen wird. Veränderungen geschehen zudem, obwohl sie früher oder später ziemlich sicher eintreffen, meist unerwartet, weshalb man sich schlecht auf sie vorbereiten kann. Wenn man bemerkt, dass sich etwas verändert, ist es bereits passiert.

Ich erinnere mich an einen Mann, der begeistert von der sexuellen Aktivität seiner neuen Freundin berichtete. Sie wollte jeden Tag mit ihm schlafen. Natürlich hat der Mann keinen Gedanken daran verschwendet, dass sich bei ihm oder bei ihr etwas ändern könnte. Nach einigen Monaten klang er aber nicht mehr begeistert, sondern gestresst. Seine Freundin wollte immer noch täglich Sex mit ihm haben, aber er wollte das nicht mehr. Seine Bedürfnisse hatten sich verändert, für ihn und sie völlig unerwartet.

Ein extremes Beispiel für Veränderungen erlebte ich bei einem Paar, das bereits mehrere Kinder hatte. Der Mann hatte sich nach dem vierten Kind mit dem Einverständnis seiner Frau sterilisieren lassen, doch nun wollte sie wieder ein Kind haben. Nach langen Auseinandersetzungen ging er auf ihren Wunsch ein und unterzog sich einer weiteren Operation. Nachdem seine Zeugungsfähigkeit wiederhergestellt war, hatte sich die Lage für seine jedoch Frau verändert: Sie wollte nun keine Kinder mehr. Keiner von beiden hätte das für möglich gehalten.

Ein anderes Paar hatte sich darauf geeinigt, nach Südamerika auszuwandern. Nachdem alle Vorbereitungen getroffen waren und beide ihre Arbeit gekündigt hatten, wollte die Frau nicht mehr so weit weg, sie hatte festgestellt, dass sie es nicht übers Herz brachte, ihre alten Eltern alleinzulassen. Von dieser Entwicklung wurden beide überrascht.

Klassisch sind die Fälle, in denen Partner sich zur Treue verpflichten und sich an das Versprechen halten, auch wenn sie unter sexueller Unzufriedenheit leiden. Sie üben lange Verzicht, obwohl ihnen das schwerfällt. Dann, eines Tages, »passiert« ihnen ein Seitensprung. Was hat sich verändert? Die Dringlichkeit. Die Bedürfnisse sind so stark geworden, dass die jahrelang funktionierende Selbstkontrolle plötzlich versagte.

Mit Blick nach vorne erscheint Veränderung eher fraglich. Wie sollte man auch das kommen sehen, was außer Sichtweite liegt? Man kann seinen Weg bestenfalls bis zur nächsten Biegung überschauen. Aber wenn Sie auf Ihr Leben zurückblicken, können Sie problemlos etliche Punkte markieren, an denen sich jählings innere oder äußere Veränderungen ergeben haben, durch die Sie in der einen oder anderen Hinsicht gewissermaßen »ein anderer/eine andere« geworden sind. Vielleicht durch eine Kündigung, durch eine Erbschaft, durch den Verlust eines nahestehenden Menschen, durch einen beruflichen Aufstieg, dadurch, dass Sie von jemandem verlassen wurden, durch Überarbeitung oder Langeweile. Oder durch irgendein anderes unerwartetes Ereignis.

Individuelle Veränderungen lassen sich im Rückblick erkennen, aber sie sind nicht vorhersehbar. Und daher nutzt es nichts, dem Partner, dessen innere oder äußere Lage sich verändert hat, deswegen Vorhaltungen zu machen.

Individuelle Veränderungen betreffen die Beziehung

Wie auch immer eine individuelle Veränderung zustande kommt und konkret ausfällt, jede Veränderung führt zu einem anderen Verhalten, und diese Verhaltensänderung wirkt sich unmittelbar auf den Partner und auf die Beziehung aus. Die Beziehung – genauer gesagt: die Kommunikation – verändert sich zwangsläufig, wenn sich das Verhalten eines Partners ändert, eben weil eine Beziehung nichts anderes ist als ein System gegenseitiger Reaktionen aufeinander.

Dieser Mechanismus lässt sich an der Ihnen schon bekannten Zeichnung, welche die Beziehung als etwas Drittes, zwischen den Partnern Liegendes zeigt, veranschaulichen:

Die Pfeile stehen für Einflüsse, die auf die Einzelnen einwirken, die Schraffierung weist auf das Verhalten der Partner hin. Wenn sich nun Zustand und Verhalten eines Partners verändern, verändert sich ebenso die Beziehung. Man kann diesen Einfluss auch nachvollziehen, indem man sich die Partner als Farbfelder vorstellt, zwischen denen ein drittes Farbfeld entsteht, eben die Beziehung. Wenn A gelb ist und B grün, entsteht zwischen ihnen eine blaue Beziehung. Wenn jetzt nur einer der Partner seine Farbe, also sein Verhalten ändert, wenn beispielsweise A rot wird während B grün bleibt, wird die Beziehung gelb.

Natürlich verändert sich die Beziehung noch weiter, weil B seine Reaktion ändern muss, sobald A sich anders verhält. Stellen Sie sich dazu ein Tennisspiel vor, das recht statisch verläuft. Die Partner spielen den Ball im gleichen Rhythmus gradlinig in der Mitte des Feldes hin und her, man könnte das positiv als ein harmonisches Spiel oder eine harmonische Beziehung bezeichnen. Die Partner »kennen sich« und können ihr Verhalten nach ihren Erwartungen ausrichten. Sobald nun aber einer von ihnen den Ball mit Wucht in die Ecke schlägt, muss der andere auf diese Veränderung reagieren und sich strecken, wenn das Spiel weitergehen soll. Das Spiel wird dynamisch oder kämpferisch, anders gesagt: Die Beziehung hat sich verändert.

Beziehungen ändern ständig ihren Zustand. Vielleicht war eine Beziehung gerade noch *harmonisch*, jetzt ist sie *angespannt*. Oder sie war gestern leicht *angeschlagen*, inzwischen hat sie sich *erholt*. Oder sie war in der letzten Woche *flach*, heute ist sie *intensiv*. Oder sie war beim letzten Sex *leidenschaftlich*, heute ist sie sexuell *langweilig*. Solche alltäglichen Verhaltensänderungen wirken sich zumeist nur schwach aus, es handelt sich hierbei um Schwankungen, die leicht auszuhalten oder auszugleichen sind. Wenn man jedoch nicht kleine, sondern größere Zeiträume betrachtet, Monate oder Jahre, dann können individuelle Veränderungen und ihre Auswirkungen auf eine Beziehung ganz erheblich sein.

Ein anderer sein

Eine individuelle Veränderung lässt sich auch so beschreiben, dass der Partner »ein anderer« geworden ist. Er ist zwar derselbe Mensch, aber er offenbart in seiner veränderten Reaktion eine andere »Person«. Gerade noch war er zärtlich, jetzt reagiert er ärgerlich. Dem Partner steht nun ein anderer Partner gegenüber, statt mit einem ›Zärtlichen‹ hat er es jetzt mit einem ›Ärgerlichen‹ zu tun.

Bei vorübergehenden Veränderungen ist so etwas ja unerheblich, aber Derartiges wirkt sich stark aus, wenn jemand sein Verhalten dem Partner gegenüber grundlegend verändert. Wenn es zu dauerhaften Verhaltensänderungen auf einer Seite der Beziehung kommt, drücken Partner das recht genau in Worten aus: »Das ist eine ganz andere Frau«, »So kenne ich meinen Mann nicht«, »Ich habe einen anderen Partner geheiratet als den, mit dem ich jetzt zusammenlebe«, »Meine Partnerin ist mir fremd geworden« oder »Ich erkenne dich nicht mehr wieder«.

Wenn der Partner sich anders zeigt, wenn er nicht auf die erwartete und verlässliche Weise reagiert, gerät das Gefühl der Ganzliebe in Gefahr, und es brechen Liebeskämpfe aus. Der Partner soll sich verhalten wie bisher, er soll der bleiben, der er war. Diesen Abwehrkampf gegen Veränderungen, der die Entwicklung zurückdrehen möchte, habe ich bereits beschrieben. Da individuelle Veränderung jedoch unvermeidlich ist, kann solch ein Kampf zu nichts anderem führen als zur Schädigung oder gar zur Zerstörung der Beziehung.

Wollen Partner zusammenbleiben und sich weiterhin als Liebespaar fühlen, ist es unerlässlich, dass sie auf den veränderten Partner, wie er sich jetzt präsentiert, eingehen oder sich selbst als veränderter Partner zeigen. Sie sind aufgefordert, sich der »unbekannten« Person zuzuwenden, an ihr interessiert zu sein und sie zu bestätigen. Wie sonst als durch Aufgreifen und Anerkennen individueller Veränderungen sollte das Gefühl der Ganzliebe erhalten bleiben?

Die Schwierigkeit, mit Veränderungen umzugehen, liegt allerdings in der Merkwürdigkeit begründet, dass selbst grundlegende Veränderungen oft schwer wahrzunehmen sind, an sich selbst und auch am Partner.

Die Veränderungen des anderen Selbst erkennen

Nachdem man sich auf den Partner eingestellt hat, nachdem es einem gefällt, wie er zu sein scheint, nachdem man sich an sein Verhalten gewöhnt hat, baut man unvermeidlich die Erwartung auf, dass es so bleibt und dass er so bleibt. Wenn er gestern noch Liebe für mich empfand, gehe ich wie selbstverständlich davon aus, dass es heute auch so sein wird und morgen ebenso. Man erwartet: »Bleib so zärtlich, so leidenschaftlich, so abenteuerlustig, so vertraut, so lebendig, so zuverlässig …« Dass der Partner sich irgendwann ändern könnte, kommt einem nicht in den Sinn.

Eine solche Erwartungshaltung ist durchaus angemessen, man kann sich ja nicht auf Veränderungen einstellen, von denen man nicht weiß, ob, wann und wie sie eintreten werden. Wenn man jedoch davon ausgeht, dass Beziehungen Ketten von Begegnungen darstellen, ist es wenig verwunderlich, wenn man bei der nächsten oder einer der darauffolgenden Begegnungen auf einen veränderten Partner trifft. Schließlich liegt zwischen den einzelnen Begegnungen eine beziehungsfreie Zeit, in der sich jeder für sich, unabhängig vom Partner, erlebt. In diesen Abständen durchläuft der Partner individuelle Entwicklungen, an denen man nicht teilhat.

Mit einer beziehungsfreien Zeit ist nicht gemeint, dass man den Partner einen bestimmten Zeitraum nicht sieht. Beziehungsfrei meint, dass man für eine bestimmte Zeit in einem der Liebesbereiche nicht miteinander kommuniziert. Es geht letztlich um die Pausen zwischen den einzelnen Begegnungen innerhalb der Liebesformen. War man letzte Woche miteinander im Bett und es heute wieder ist, liegt zwischen den erotischen Begegnungen eine beziehungsfreie Zeit von sieben Tagen. Hat man vor einem Monat das letzte Mal etwas Anregendes miteinander unternommen, liegt zwischen den freundschaftlichen Begegnungen eine beziehungsfreie Zeit von dreißig Tagen. Und hat man das letzte Mal vor zwei Monaten eine partnerschaftliche Vereinbarung getroffen, etwa bezüglich der Arbeitsteilung oder der Kinderbetreuung, liegt zwischen den partnerschaftlichen Begegnungen (in Bezug auf Vereinbarungen zur Kinderbetreuung oder Arbeitsteilung) eine beziehungsfreie Zeit von zwei Monaten.

Es ist nachvollziehbar, dass sich in zwei Monaten, einem Monat oder einer Woche beim Partner einiges verändern kann. Kommt es dann zur nächsten Begegnung, wird man möglicherweise mit einem veränderten Partner konfrontiert – obwohl man erwartet, dem Partner von davor zu begegnen, dessen Verhalten man noch in Erinnerung hat.

Eigentlich müsste man sich darauf einstellen, den Partner bei jeder Begegnung neu kennenzulernen und den Faden der Beziehung neu aufzunehmen. Das scheint ziemlich unmöglich. Doch interessanterweise machen frisch Verliebte genau das, und zwar intuitiv. Sie gehen einerseits freudig erwartend und andererseits ängstlich erwartend in jede neue Begegnung. Dabei nähern sie sich einander vorsichtig an, so als wären sie auf der Hut vor Enttäuschungen und Verletzungen, als hielten sie es nicht für selbstverständlich, nahtlos an das Schöne der letzten Begegnung anknüpfen zu können. Erst wenn Partner länger zusammen sind, verlieren sie diese vorsichtige Haltung und halten es für selbstverständlich, dass ihre von der letzten Begegnung her konservierten Erwartungen erfüllt werden. Diese Selbstverständlichkeit speist sich aus den Gefühlen, die Partner füreinander empfinden und gespeichert haben, den Versprechungen, die sie einander gegeben haben (darunter das Versprechen, sich zu lieben), den Sehnsüchten, die sie aufgebaut haben, kurzum, dem Bild, das sie sich vom Partner gemacht haben und der Erwartung, dass es so eintrifft.

Aufgrund der konservierten Erwartungen sind Enttäuschungen oft unvermeidlich. Doch man hat nichts Verlässlicheres als diese Erwartung, schließlich kann man nicht, in den Partner hineinsehen. Man weiß nicht, ob sich im Innersten der Person etwas verändert hat, in ihren Gefühlen oder Gedanken, in der Bedürfnislage, in der Interessenlage, man weiß nicht, welche unerwartete Entwicklung sie durchlaufen hat. Wenn man sich dann begegnet, nimmt man lediglich das *veränderte Verhalten* des Partners wahr. Erst aus diesem Verhalten, dem veränderten Aussehen, dem Ton der Stimme, der Körperhaltung, den verbalen und nonverbalen Aussagen, kann man schließen, dass sich etwas getan haben muss.

In einem solchen Fall geraten mitgebrachte Erwartungen und das vom Partner gezeigte Verhalten zwangsläufig aneinander, wie das folgende Beispiel verdeutlicht:

Ein Mann empört sich gegenüber seiner Frau mit dem Vorwurf: »Was ist eigentlich los, du küsst mich seit Wochen nicht mehr?« Seine Frau bestreitet, dass sich für sie etwas verändert hat, sie sagt: »Ich bin doch wie immer.« Diese Reaktion dient der Selbstverteidigung, denn ihr Mann hat sie angegriffen. Einige Tage gibt er sich damit zufrieden, dann aber bricht er einen Streit vom Zaun, der insofern fruchtbar verläuft, als er »neue Informationen« zutage fördert. Es stellt sich heraus, dass der Mann in letzter Zeit mehrere Bemerkungen über die Freundin der Frau gemacht hatte, diese sei so attraktiv und so schlank und so fröhlich, sie sei eine tolle Person. Darauf reagierte seine Frau verunsichert und befürchtete, ihm nicht mehr zu gefallen, nicht hübsch genug, zu dick und zu ernst zu sein. Auf diese Deutung hin, die von ihr selbst stammt, hat sie sich von ihrem Mann zurückgezogen. Sie war ihm gegenüber eine »Misstrauische« geworden. Das war dem Mann zuerst nicht aufgefallen, erst nach Wochen bemerkte er ihren Rückzug anhand ihres nun länger andauernden distanzierten Verhaltens. Auf diesen Rückzug hat er spontan mit der indirekten, im Vorwurf enthaltenen Aufforderung reagiert, sie möge sich doch bitte entsprechend seiner Erwartung verhalten und ihn weiterhin gern küssen.

Was zeigt das? Dass es nicht einfach ist, von Verhaltensänderungen des Partners auf innere Veränderungen zu schließen und darauf einzugehen. Es ist leichter, ihn für sein ungewohntes Verhalten anzugreifen.

Den anderen erfassen

Es ist nicht einfach, den Partner in Momenten oder in Phasen anzunehmen, in denen er sich entgegen eigener Erwartungen verhält. Um die Uhr zurückzudrehen, erklärt dann ein Partner dem anderen, er müsse nicht tun, was er tut oder nicht fühlen, was er fühlt, und dass er sich besser anders verhielte. Zurechtweisungen und Belehrungen werden eingesetzt, endlose Diskussionen beginnen darüber, was normal ist (also: von dem einen erwartet) und was nicht. Es kommt einem nicht in den Sinn, dass sich für den anderen etwas verändert hat, und dass dessen unerwartetes Verhalten nicht Ursache, *sondern Ausdruck* einer Veränderung ist. Zudem besteht allgemein weniger Interesse an der Veränderung des anderen als an der Erfüllung eigener Erwartungen. Auch in Liebesbeziehungen ist sich erst einmal jeder selbst der Nächste.

Bei den angesichts von Veränderungen einsetzenden Konflikten streiten Partner über irgendeine »Sache«. So wie das Paar im vorherigen Beispiel darüber stritt, ob Küsse ausbleiben oder nicht. Ein Kuss kann zur »Sache« werden – oder ein anderes Thema. Von der Urlaubsplanung über die Freizeitgestaltung bis hin zum Sex, von der Geldverwaltung bis zum Hauskauf, von der politischen Lage bis zur Wohnungseinrichtung, alles eignet sich zu einer »Sache«. Die Sache ist das, an dem eine Veränderung sichtbar oder spürbar wird, aber es geht eigentlich nie um die angebliche Sache. Wer an dieser äußerlichen Oberfläche hängen bleibt, verpasst die inneren Gründe, die einen Partner dazu gebracht haben, sein Verhalten zu ändern – und geht an seinem Partner vorbei.

An der Tatsache, dass sich permanent kleine oder größere Veränderungen abspielen, ist nichts zu rütteln, sie können nicht rückgängig gemacht werden. Wenn man eine Veränderung bemerkt, ist sie bereits passiert. Man kann sie nicht ungeschehen machen, man muss sie zur Kenntnis nehmen. Man muss sie hinnehmen, obwohl man nicht weiß, welche Bedeutung sie für die Beziehung haben wird.

Wie aber soll man mit irritierendem und unerwartetem Verhalten des Partners umgehen? Der einzig fruchtbare Umgang damit besteht darin, zu staunen und neugierig zu sein. Alles andere außer Interesse am Unerwarteten bedeutet Ablehnung des Partners und eben nicht Zuwendung zu ihm. In der neuen Liebe kommt es ja darauf an, zu erkennen, womit der Partner befasst ist und was ihn bewegt. Diskussionen befördern die nötigen Einsichten kaum, aber Interesse und Neugier können das tun. Bleiben Partner an einer »Sache« hängen, gerät der »Vorgang Lieben« ins Stocken. Konflikte sind unvermeidlich. Und so ist es: Konflikte sind unvermeidlich, von Zeit zu Zeit zumindest.

Sich für störendes Verhalten interessieren

Meist lassen sich erst anhand unerwarteter Spannungen oder eines offenen Streits Rückschlüsse auf die innere Lage ziehen. Insofern sind Konflikte stets Hinweise darauf, dass sich beim Partner etwas verändert hat. Konflikte sind nicht tragisch, sie werden es erst dann, wenn ein Partner auf seinen Erwartungen besteht und verlangt, dass der andere sich wie gewohnt verhält. Will man den Partner erfassen, muss man jedoch von sich selbst absehen und zu ihm hinsehen, sich ihm zuwenden: *Gerade an störendem Verhalten gilt es, ein besonderes Interesse zu zeigen.*

Der Bezug zum anderen ist selten durch direktes Abfragen im Sinne von »Was ist mit dir los?« herzustellen. Mit einer derartigen Frage schwingen unterschwellig oft Empörung, Ärger oder Vorwürfe mit, also Emotionen, gegen die sich der andere wehrt. Will ein Partner, dass der andere sich öffnet, erreicht er das leichter, indem er sich selbst öffnet und mitteilt, wie es ihm mit dem störenden Verhalten geht.

Was hätte der Mann aus dem obigen Beispiel, statt seine Frau anzugreifen, von sich sagen und zeigen können? Er hätte seiner Verwunderung über ausbleibende Küsse Ausdruck geben können. Er hätte ihr verdeutlichen können, wie er sich mit ihr fühlt. Etwa durch die Aussage: »Ich fühle mich in letzter Zeit oft von dir zurückgewiesen.« Oder: »Ich vermisse die Nähe zu dir.« Oder: »Ich habe das Gefühl, du küsst mich nicht mehr gerne.« Oder: »Ich habe deine Küsse immer genossen, nun fehlen sie mir.« Eine solche Selbstoffenbarung veranlasst den Partner eher dazu, sich zu zeigen, als ein Angriff, gegen den er sich im ersten Impuls wehren wird – so wie die Frau es zuerst tat, indem sie leugnete, dass etwas nicht in Ordnung sei.

Das Beispiel zeigt zudem, dass man sich auf Konflikte verlassen kann. Solange die Themen nicht gelöst sind, kehren sie wieder. Gelöst wird ein Thema auf der Ebene emotional/leidenschaftlicher Liebe allerdings selten durch eine Lösung der »Sache« als durch Klärung der dahinterstehenden inneren Lage. Als der Mann die Gründe für ihre Zurückhaltung erfuhr, konnte er auf ihre Gefühle eingehen.

Den Identitätswandel des Partners mittragen

Wenn das Kunststück gelungen ist, von dem zu erfahren, was sich beim Partner verändert hat, sind die Anforderungen der neuen Liebe noch nicht gänzlich erfüllt. Es kommt nun darauf an, dem Partner die Möglichkeit zu geben, *dieser andere zu sein.* Es soll nicht weiter auf ein vertrautes Selbst festgelegt werden, sondern sein Identitätswandel soll mitgetragen werden. Dazu braucht der Partner eine Bestätigung seiner Veränderung. Wie könnte das aussehen? Betrachten wir dazu einige Beispiele, in denen sich der Partner unerwartet wandelt.

Bei einem Paar läuft es finanziell sehr gut, weshalb die beiden den Mut fassen, für größere Anschaffungen, darunter ein teures

Auto, Kredite aufzunehmen. Um die Schulden schneller zu begleichen, arbeiten sie einige Jahre lang härter. Nun aber geht einem Partner die Luft aus, er fühlt sich überfordert und wird zunehmend gereizt. In den Augen des anderen »schwächelt« er. Ihm wird vorgehalten, dass er die Schulden mitzutragen habe, dass ansonsten mehr Last auf dem anderen läge, dass er Verantwortung übernommen habe. Und er wird aufgefordert, sich zusammenzureißen und noch mal »reinzuklotzen«, damit die »Sache« bald vom Tisch ist.

Der Konflikt betrifft die partnerschaftliche Verbindung und wird auf dieser Ebene angegangen. Der eine Partner reagiert wie ein Geschäftspartner, indem er indirekt sagt: »Dein Zustand ist dein Problem, steh für deine Schulden ein!« Damit wird dessen Veränderung – aus dem belastbaren Partner ist ein überbelasteter Partner geworden – ignoriert. Wäre es in einer Phase der Verliebtheit möglich, den Partner derart zu mehr Anstrengung aufzufordern? Wohl kaum, das hätte sich der eine nicht getraut und der andere hätte eine derartige Ignoranz und Einmischung abgelehnt.

Der Partner reagiert als Geschäftspartner und nicht als Freund oder Liebespartner. Als Freund würde er den anderen in seinem Bedürfnis nach Erholung unterstützen, vielleicht im Sinne von »Gönne dir mal ein paar Tage Auszeit« oder mit der Frage »Kann ich etwas für dich tun?« Als emotional/leidenschaftlicher Liebespartner würde er über solches Wohlwollen hinausgehen. Zuerst würde er den Zustand des Partners anerkennen, also sehen, verstehen und akzeptieren, dass der Partner jetzt ein »Erschöpfter« ist. Dann würde er mit dem anderen zusammen nach Möglichkeiten suchen, wie der »Erschöpfte« ein »Erschöpfter« sein kann. Worin könnten solche Lösungen bestehen? Womöglich müsste das teure Auto verkauft werden. Oder es böten sich andere Wege an, etwa indem die Partner sich mehr Zeit lassen, die Schulden abzutragen, indem sie ihren Lebensstandard senken.

Wie auch immer die Lösung aussieht – wenn Partner sich in diesem Konflikt als Liebespartner erleben wollen, müssen sie die Angelegenheit *wie Liebespartner* regeln und nicht wie Projektpartner oder Freunde. Also auf eine Weise, die das Gefühl, so geliebt zu werden, wie man ist (auch als ein »Erschöpfter«), bestehen lässt.

In einem anderen Beispiel hat ein Paar vor einem Jahr ein Kind bekommen. Seither liegt die Sexualität der beiden brach, weil die Frau angibt, »keinen Bedarf« zu haben. Zunehmend bricht deshalb Streit aus, in dem der Mann als Fordernder auftritt und die Frau sich verschlossen zeigt. Er meint, es sei jetzt genug »Schonzeit« verstrichen, er brauche Sex, sie betont, ihm nicht zu Sex »verpflichtet« zu sein.

Der Konflikt liegt auf der emotional/leidenschaftlichen Ebene. Weder Fordern noch Verweigern wird hier zu einer Lösung beitragen. Es geht vielmehr darum, die emotionalen Zustände des Partners zu erfassen, das, was sich in seiner Innenwelt verändert hat. Der Mann gerät zunehmend in Verzweiflung, und eines Tages schüttet er seiner Frau sein Herz aus. Statt zu fordern, gibt er ihr einen Einblick in seine Innenwelt, die zunehmend von Einsamkeitsgefühlen und Selbstzweifeln bestimmt wird. Durch diese Öffnung erreicht er seine Frau, sie gibt nun ihrerseits mehr preis. Sie gesteht ihm, dass sie sich seit der Geburt des Kindes nicht mehr attraktiv findet und sich selbst ablehnt. Durch diese intimen Mitteilungen entsteht zum ersten Mal seit langer Zeit wieder seelische Nähe zwischen den beiden.

Die Partner sind dort angekommen, wo es nicht mehr um die »Sache« Sex geht, sondern um Selbstzweifel und Ängste, die sich hinter dem jeweiligen Verhalten verbergen. Indem sie an diesen Ängsten und Zweifeln anknüpfen und sich das Gefühl geben,

»auch damit« angenommen und bestätigt zu werden, kommen sie sich langsam auch sexuell wieder näher.

In meiner Beratung tauchen öfter Paare auf, die mir den Auftrag geben, ihnen zu mehr Gemeinsamkeiten zu verhelfen. Sie haben über Jahre bestimmte Interessen geteilt, Hobbys oder geistige oder kulturelle Aktivitäten, bis einer dazu keine Lust mehr hatte. Die »Sache«, über die sie nun streiten, besteht darin, etwas Neues zu finden, das sie miteinander verbindet. Es geht vorgeblich darum, etwas »zu tun«. Bei der Erforschung der Motive stellt sich dann meist heraus, dass beide sich wenig Gedanken darüber machen, was den einen veranlasst hat, aus der Routine auszusteigen. Etwas muss sich bei ihm verändert haben. Und wenn sich herausstellt, was das ist, ergeben sich daraus Hinweise darauf, wer er geworden ist, was ihm fehlt und was für ihn angemessen wäre.

Ein scheinbar profanes Beispiel hierfür ist ein Paar, das jahrelang miteinander joggte. Dann wurde die Angelegenheit zäh, der Mann hat die Verabredungen schleifen lassen und dafür stets Ausreden vorgeschoben. Schließlich hat er das Hobby eines Tages mit der Begründung aufgekündigt, Joggen sei nicht mehr sein Ding. Für seine Freundin kam dies ziemlich plötzlich, sie reagierte verwirrt, und es entbrannten heftige Auseinandersetzungen. Natürlich ging es hier nicht um die »Sache« Sport. Es ging für die Frau darum, zu realisieren, dass ihr Freund ein anderer geworden war, dass sie nicht mehr mit einem »Jogger« zusammen war. Was steckte beim Mann dahinter? Es stellte sich heraus, dass er sich bereits seit geraumer Zeit für seine Partnerin zusammenriss, sich aber nach etwas ganz anderem sehnte. Nach stressfreier, genussvoller Zeit miteinander. Aus dem »Jogger« war ein »Entspannter« geworden.

Die Beispiele zeigen, was die neue Liebe von den Partnern verlangt. Müssen sie anfangs sagen: »Ich nehme dich, wie du bist«, so müssen sie später sagen: »Ich unterstütze dich in dem, wie du werden willst oder wie du bereits geworden bist.«

Den Identitätswandel des Partners mitzutragen erfordert einen Prozess, an dessen Anfang meist Irritationen aufgrund unerwarteter Verhaltensänderungen entstehen. Diese Irritationen münden nicht selten in Konflikte, womit die Dringlichkeit zunimmt, den Partner erneut anzusehen und festzustellen, mit wem man es jetzt zu tun hat. Es geht nie um die Sache, sondern immer um die Person, und darum, den Partner als diese Person zu bestätigen.

Halten wir fest: Die Veränderungen des anderen Selbst zu erkennen, ist schwer, da man nicht in das Innerste des Partners blicken kann. Dass sich für den Partner etwas verändert hat, lässt sich allein an unerwartetem Verhalten bemerken. Dann besteht die Gefahr, den Partner auf die eigenen Erwartungen, also auf gewohntes und vertrautes Verhalten, festlegen zu wollen. Wenn die Liebesbeziehung jedoch erhalten bleiben soll, kommt es darauf an, den Wechsel in der Person des Partners nicht nur zu erkennen, sondern auch mitzutragen.

Der anfängliche Eindruck, den Partner bereits nach kurzer Zeit gut zu kennen, hat die intime Beziehung entstehen lassen, aber da er sich mit Sicherheit verändern wird, kommt es darauf an, ihn von Zeit zu Zeit neu kennenzulernen.

Gleiches gilt für den Eindruck, sich selbst zu kennen. Auch bezüglich der eigenen Person ist man vor Überraschungen, also vor Veränderungen, nicht sicher.

Veränderungen des eigenen Selbst erkennen

Dass man nicht in den Kopf eines Menschen hineinsehen kann, habe ich als Hindernis beschrieben, um Veränderungen beim Partner zu erfassen. Nun könnte man meinen, in Bezug auf sich selbst verhält sich das anders. Man könnte glauben, es sei leichter, in sich selbst hineinzusehen. Man könnte gar der Illusion erliegen, es wäre möglich, sich selbst gut zu kennen.

Die Illusion, sich selbst zu kennen

Sicher, man kann sich in gewisser Weise kennen. Man kennt die Geschichten, die man über sich verbreitet hat oder die über einen erzählt werden, und man kennt sein bisheriges Verhalten, zumindest soweit man sich daran erinnert oder daran erinnern möchte. Ein Gedächtnis zu haben bedeutet aber nicht, dass man sich gut kennen würde, geschweige denn, dass man sich *umfassend* kennen würde. Wenn das möglich wäre, wie sollte man dann in Probleme geraten?

Wenn man sich selbst kennt, weiß man beispielsweise auch um die Grenzen eigener Belastbarkeit. Wie kann man dann in einen Erschöpfungszustand à la Burnout geraten? Wenn man sich selbst kennt, weiß man auch, was einem Freude bereitet und Erfüllung bringt. Wie kann man dann in eine Sinnkrise geraten? Wenn man sich selbst kennt, kennt man auch seine sexuellen Bedürfnisse. Wie kann man dann, entgegen dem Partner in vollster Überzeugung gemachter Versprechen und eigener, bester Absichten in eine Affäre geraten? Wenn man sich selbst kennt, wie kann man

Dinge tun, die man hinterher nicht erklären kann? Wie kann man von Affekten überwältigt werden, in Süchte verfallen oder andere unvernünftige beziehungsweise verrückte Dinge tun?

Wer etwas Unerklärliches macht, spricht hinterher davon, er sei »außer sich geraten«. Diese Formulierung beschreibt den Vorgang recht genau. Man ist nicht mehr bei sich. Aber wo ist man nicht mehr, und wo ist man hingeraten? Man ist außerhalb des beschriebenen Selbst, außerhalb der Selbstvorstellung geraten, aber nicht außerhalb der eigenen Psyche. Die Psyche umfasst weit mehr als den kleinen Bereich, den ein Individuum als sein »Ich« oder sein »Selbst« bezeichnet. Daher tauchen in der Psyche immer wieder unerwartete Dinge auf und greifen ins Leben ein, die man bis dahin nicht auf der Rechnung hatte.

So etwas ist einem Mann geschehen, der durch einen Seitensprung erkannte: »Bevor das passierte, habe ich gar nicht gewusst, wie sehr ich Sexualität vermisse.« Zuvor hat er sich für einen sexuell zufriedenen Mann gehalten, er kannte sich demnach nicht gut. Wo kam sein Bedürfnis her, wieso hat er es nicht bemerkt? Und wie konnte es sein Verhalten bestimmen? Um solche rätselhaften Phänomene zu erklären, ist der Begriff des »Unbewussten« erdacht worden. Dem Unbewussten kann man die Ursache und die Verantwortung für das zuordnen, was man bis dahin nicht an sich sah und was dann plötzlich, wie aus dem Nichts, da ist.

Beim Unbewussten musste auch eine Frau mittleren Alters die Erklärung dafür suchen, warum sie im Urlaub ihren Verwaltungsjob kündigte und in der Karibik blieb, um dort zu leben. Bis dahin hielt sie sich für eine vernünftige und besonne Frau, die ihr Leben im Griff hatte und die keinen Grund sah, etwas an ihrer Lebensweise zu verändern. Dann war sie im Urlaub ihrer Sehnsucht nach einem unmittelbaren, sinnlichen Leben begegnet. Anders formuliert: Sie ist im Urlaub eine andere geworden, eine »Sinnliche«. Sie sagt: »Ich hatte in all den Jahren im Büro gar nicht gemerkt, wie sehr mir Natur und Lebendigkeit fehlen.«

Man kennt sich nicht besonders gut und will bestimmte Seiten an sich auch nicht unbedingt wahrnehmen, weil sie nicht zum abgesteckten Selbst passen. Wenn diese Seiten dennoch auftauchen, spricht man von einem Problem. Man kann sich vorstellen, dass die Veränderung weder für den Mann, der in eine Affäre geriet, noch für die Frau, die ihren Job kündigte, problemlos abgelaufen ist. Bei jedem werden zwei Seiten der Person schwer miteinander gerungen haben, und die jeweilige Entscheidung ist sicher nicht leichtgefallen.

Probleme mit dem Selbst

Was ist ein Problem? Bei einem Problem spielt sich in der Psyche etwas ab, das angeblich nicht dort hingehört. Wer sagt, dass es nicht dort hingehört? Das behauptet die Selbstbeschreibung, die Vorstellung, die man von sich hat, die Identität, mit der man identifiziert ist. Diese Selbstbeschreibung umfasst den abgesteckten Bereich, den man als sein Selbst erkennt. Alles andere lässt sie außer Acht. Weil anderes dennoch da ist, verursacht es Probleme, sobald es sich in der Aufmerksamkeit festgesetzt hat.

Wer sich beispielsweise für stark hält, bekommt ein Problem, sobald er sich schwach fühlt. Wer sich für einen liebevollen Menschen hält, bekommt ein Problem, sobald er Ärger oder Hass an sich entdeckt. Wer sich für treu hält, bekommt ein Problem, wenn er von erotischen Fantasien oder Bedürfnissen gequält wird, die sich nicht auf den Partner beziehen. Wer sich für einen optimistischen Menschen hält, bekommt ein Problem, wenn sich seine Laune kontinuierlich verschlechtert. Probleme zu erleben meint, andere Seiten an sich kennenzulernen, Seiten, die bisher oder in dieser Ausprägung fremd waren.

Das alles bedeutet, dass man sich niemals *ganz* kennen kann. Man müsste dazu über einen vollständigen Einblick in sein Bewusstsein und sein Unbewusstes verfügen, in seine Gefühlswelten, in seine Wahrnehmungsschemata, in seine Erinnerungen und Fantasien, in seine Deutungsmuster. Darüber hinaus müsste man wissen, wie und ob man zukünftig anders auf Dinge reagieren wird, auf die man bisher in einer bestimmten Weise reagiert. Werde ich ungeachtet der Situationen, in die ich gerate, »derselbe« bleiben? Das ist kaum anzunehmen. Oft genug haben mir die Ereignisse gezeigt, dass ich ebenso »ein anderer« sein kann.

Aus der Unmöglichkeit, sich selbst vollständig im Blick zu haben, ergibt sich ein Problem für die neue Liebe, deren Wesen in der Offenbarung des Innersten gegenüber dem Partner liegt. Wie soll man dem Partner eine Veränderung verdeutlichen, die man für sich selbst nicht oder noch nicht klar erkannt hat? Wie soll man ihm offenbaren, was man vor sich selbst verbirgt? Wenn es beispielsweise jemandem schlecht geht, der sich für einen zuversichtlichen und starken Menschen hält, dann fällt es ihm schon schwer, sich diese Schwäche selbst einzugestehen. Wie soll er sie dem Partner mitteilen? Das würde einer Selbstdemontage gleichkommen, verbunden mit der Angst, vom Partner nicht mehr geliebt zu werden, wenn man sich mit dieser Seite zeigt. Jeder kennt Fälle, in denen ein Mann arbeitslos wurde und über Monate hinweg zur gleichen Uhrzeit aus dem Haus ging, so als hätte er seine Arbeit noch, um diese »Schmach« vor seiner Partnerin zu verbergen. Jeder kennt Fälle, in denen dem Partner Krankheiten verschwiegen werden, weil man glaubt, ihm nicht zumuten zu können, jetzt ein anderer, ein Kranker, zu sein. Und natürlich ist es nie leicht, dem Partner eine Veränderung der eigenen Bedürfnislage klarzumachen, von der er negativ betroffen sein könnte, ihm beispielsweise zu sagen: »Ich möchte mein eigenes Zimmer haben, mir raubt die ständige Nähe zu dir die Lust« oder »Ich möchte mehr Zeit unabhängig von dir verbringen, mir geht das Gefühl für mich selbst verloren«.

Das Problem ist ein zweifaches. Einerseits sieht man über Dinge hinweg, die man sich selbst nicht eingestehen möchte. Dazu werden sie verdrängt und können dadurch nicht mitgeteilt werden. Andererseits ist es schwer, selbst Dinge, die man nicht verdrängt, mitzuteilen. Man müsste zugeben, dass man den Partner momentan kaum begehrt. Man müsste zugeben, dass man ein gemachtes Versprechen nicht länger einhalten möchte. Man müsste zugeben, dass man eine Vereinbarung aufkündigen möchte. Man müsste zugeben, dass man momentan keine Lust hat, mit ihm in den Urlaub zu fahren. Man müsste zugeben, dass man entgegen der bisherigen Planung keine weiteren Kinder zeugen will. Man müsste im Extremfall zugeben, dass die Liebesgefühle für ihn nachlassen. Man müsste unter Umständen Konflikte riskieren; und man müsste bereit sein, notfalls allein dazustehen. Da man keinen Konflikt mit ungewissem Ausgang riskieren will, schweigt man zu oft und zu lange.

Wie kommt man aus dieser Zwickmühle heraus? Eine scheinbare Möglichkeit besteht darin, vom Partner quasi hellseherische Fähigkeiten zu erwarten. So wie eine Frau das tat, indem sie ihrem Partner vorwarf, er würde nicht das tun, was ihr beim Sex gefällt. Zugleich empörte sie sich über seinen Wunsch, sie möge ihm zeigen oder sagen, was ihr gefiele, schließlich müsse ein Partner, »der behauptet, mich zu lieben, so etwas von selbst spüren«. Sie versteifte sich schließlich zu der Forderung, er müsste mit ihrer Vagina reden und nicht mit ihr. So als ob sie und ihre Vagina zwei verschiedene Dinge sind, was die Frau offenbar so empfunden hat.

Der Partner wird in solch einem Fall aufgefordert, zu sehen, was man nicht zeigen will. Den Satz »Wozu muss ich das extra sagen? Wir sind uns doch so nah, da muss er/sie wissen, was mit mir los ist« oder »Wenn man sich liebt, weiß man das« habe ich in der Paarberatung zahllose Male gehört. Diese Erwartung soll es einem leicht machen, nutzt aber leider nichts und macht es dem anderen umso schwerer. Wie gesagt: Der Partner kann nicht in einen hineinsehen, auch wenn es zu den Mythen der Liebe gehört, Liebende würden sich wortlos verstehen und sich Wünsche und Sehnsüchte von den Augen ablesen. Daher gilt: Wer gehört werden will, muss sich mitteilen, wer gesehen werden will, muss sich zeigen.

Doch Veränderungen an sich selbst wahrzunehmen und sie dann mitzuteilen, ist aus den genannten Gründen nicht leicht. Die Alltagsfrage »Wie geht es dir?« ist oberflächlich schnell beantwortet. An der Oberfläche ist der emotional/leidenschaftliche Liebespartner jedoch wenig interessiert, und das Tiefliegende kann nicht ad hoc ausgegraben werden. Sich zu offenbaren ist ein Angang, es kostet Zeit, Aufmerksamkeit und Energie.

Die Beziehung als Sensor oder Seismograf

An diesem Punkt kommt die neue Liebe den Partnern zur Hilfe, indem sie zu einem Indikator nicht wahrgenommener oder nicht mitgeteilter Veränderungen wird. Denn auch jene Veränderungen, die einem selbst verborgen sind, greifen in die Paarbeziehung ein. Sie machen sich in einem veränderten Verhalten bemerkbar, das der Partner auch dann wahrnimmt, wenn man es selbst nicht bemerkt.

Ändert man sein Verhalten, ist man dem Partner gegenüber nicht mehr dieselbe Person. Eine Frau, die gerade ein Kind geboren hat, ist nicht mehr dieselbe Frau. Sie wird sich als dieselbe Frau empfinden, ihr Partner nicht. Er bemerkt, dass sie weniger erotische Bedürfnisse hat und weniger körperliche Nähe zu ihm sucht.

Ein Mann, dessen Job gefährdet ist, ist nicht mehr derselbe Mann. Er wird sich nach wie vor als dasselbe »Ich« empfinden, seine Partnerin nicht. Sie bemerkt, wie empfindlich und gereizt er reagiert, dass er womöglich mehr trinkt oder sich verstellt, indem er auf hart macht, und dass sein Selbstwert erschüttert ist.

Ein eifersüchtiger Partner ist nicht mehr derselbe Partner. Er wird sich als unverändert erleben, aber sein Partner fühlt sein Misstrauen, spürt kontrollierende Blicke, empfindet seine unterschwellige Angst oder Aggression und fühlt sich plötzlich nicht mehr frei.

Jemand, der fremdgegangen ist, kann sein schlechtes Gewissen oft nur schwer verbergen. Sein Partner wundert sich über die unvermittelten Blumen oder Geschenke, merkt, dass der andere sich schlechter auf Nähe einlassen kann und intimen Momenten ausweicht. Dann haben die beiden vielleicht Sex, aber einer ist nicht »bei der Sache«.

Ein Partner, der die Lust an einem Hobby verloren hat, das bisher als gemeinsames Interesse galt, wird kaum verbergen können, dass er jetzt weniger Freude erlebt. Sein Partner wird das bemerken, selbst wenn er sich größte Mühe gibt, dem anderen zuliebe weiter mitzumachen, weiter mit ihm zu joggen, Tennis zu spielen, in die Oper zu gehen oder auf Rockkonzerte.

Eine Beziehung lässt sich als die »Geschichte der gegenseitigen Reaktionen aufeinander« begreifen, das habe ich schon erwähnt. Jede Verhaltensänderung stellt eine andere Reaktion auf den Partner dar. Das Verhalten findet an der Oberfläche – im Kontakt – statt, hat seine Ursache aber in der Tiefe, im Innersten eines Partners. Das ist so, als ob die Erdoberfläche von einer tiefer liegenden Erdbewegung erschüttert wird. Anhand der veränderten Oberfläche lässt sich darauf schließen, dass es in der Tiefe zu Bewegungen gekommen ist.

So gesehen werden veränderte Reaktionen aufeinander zu einem Anzeigeinstrument individueller Veränderungen. Ein Partner verändert sein Verhalten, der andere reagiert darauf. Der Zustand der Beziehung verändert sich – irgendetwas muss außerhalb der Aufmerksamkeit geschehen sein. War die Beziehung bisher harmonisch und ist sie jetzt angespannt, muss ein Partner sein Verhalten verändert haben, und der andere hat entsprechend darauf reagiert. War die Beziehung bisher eintönig und ist sie jetzt lebendig, muss ein Partner sein Verhalten geändert haben, und der andere hat entsprechend darauf reagiert.

Eine Beziehung fungiert als Sensor oder Seismograf. Sobald sich ihr Zustand verändert, lässt das auf eine veränderte innere Lage bei einem oder bei beiden Partnern schließen. Wenn Partner diesen Mechanismus berücksichtigen, können sie sich manche Kämpfe ersparen oder diese zumindest abkürzen. Jeder kann sich fragen, welche eigene Veränderung hinter dem unerwarteten Beziehungszustand steht. Wie bin ich an der entstandenen Distanz beteiligt? Wie trage ich zu den nicht endenden Streitereien bei? In welcher Weise und als wer begegne ich meinem Partner? Worauf reagiert mein Partner? Wem begegnet mein Partner?

Es mutet paradox an, dass man eigene Veränderungen oft nicht an sich selbst, sondern anhand veränderter Antworten des Partners und aus dem daraus folgenden Beziehungszustand erkennen kann. Im Grunde ist das aber leicht nachvollziehbar, schließlich hat man das Verhalten des anderen besser im Blick als das eigene. Man darf sich dann wundern, wenn man auf die Frage: »Wieso gehst du in letzter Zeit nicht mit mir aus« die Antwort erhält: »Ist dir schon mal aufgefallen, welche schlechte Laune du verbreitest, wenn wir etwas unternehmen?« Wer an solch einem Punkt das Gesagte nicht abstreitet, sondern das Feedback annimmt, kann etwas über sich erfahren.

Die Beziehung als einen Sensor oder Seismografen auch für eigene Veränderungen zu sehen, ermöglicht es, sich selbst besser auf die Spur zu kommen. In der Folge kann man sich dem Partner klarer offenbaren, was die Chancen, als der geliebt zu werden, der man inzwischen ist, beträchtlich erhöht.

Halten wir fest: Man kennt sich selbst nicht besonders gut und kann Veränderungen an sich selbst oft nicht klar erkennen – und wenn doch, dann meist nur schwer mitteilen. In diesen Fällen fungiert die Paarbeziehung als Indikator für individuelle Veränderung. Ändert sich ihr Zustand, geht das auf Veränderungen des Verhaltens zurück, denen Veränderungen im Innersten zugrunde liegen.

Insofern ist in jedem Fall Neugier angebracht, wenn es zu Störungen in der Paarbeziehung kommt. Neugier und Interesse für das Innerste.

Das Wesen des Innersten

Ich möchte mich nun dem Innersten näher zuwenden, jenem Begriff, der für das Verständnis der neuen Paarliebe zentral ist. Die Individualität der Partner, von der diese Liebe ihre Bedeutung bezieht, ist in diesem Kern der Persönlichkeit verankert. Wie ausführlich beschrieben, entsteht erst durch Offenbaren und Zuwenden zu diesem intimen Bereich die Ganzliebe, die den Einzelnen mit Bedeutung versorgt, weil er den Eindruck gewinnt, als die einzigartige Person geliebt zu sein, die er ist.

Zugleich kann niemand über lange Zeiträume hinweg bleiben, wer er gegenwärtig ist, und zwar aus dem schlichten Grund, weil er nicht für sich existiert. Das Selbst kommt in einer doppelten Umgebung vor, einer psychischen und einer sozialen, und beide Umwelten nehmen Einfluss auf die Person. Die psychische Umgebung – das jeweils Unbewusste – verändert die Selbstvorstellung, indem sie Bedürfnisse und Sehnsüchte in die Wahrnehmung schiebt und auf diesem Weg das Verhalten beeinflusst. Die soziale Umwelt wiederum erfordert, je nach ihrer Beschaffenheit, mit dem einen oder mit einem anderen der vielen Selbst, der zahlreichen Persönlichkeitsanteile, darauf zu reagieren.

Was den Einzelnen im Innersten beschäftigt, wird also von den jeweiligen Lebenslagen ausgetauscht, in die er gerät. Daher sind die Inhalte des Innersten in stetem Wandel begriffen. Über diesen Wandel hat der Einzelne keine Macht. Er kann nicht festlegen, was aus seinem Unbewussten oder aus seiner sozialen Umgebung in sein Innerstes gerät. Das zeigt sich beispielsweise in der Art, wie man den Partner anspricht, wenn man etwas von seinem Innersten erfahren möchte. Man fragt nicht: »Was bewegst du in deinem Innersten?«, sondern man fragt: »Was bewegt dich?« Dies beschreibt den Vorgang recht genau. Ins Innerste wirken Kräfte hinein, von denen die Person bewegt wird. Die Person selbst hat wenig bis keinen Einfluss auf ihr Innerstes, sie kann es lediglich zur Kenntnis nehmen.

Wenn jemand krank ist, wird er in seinem Inneren von anderen Kräften bewegt, als wenn er gesund ist, unabhängig davon, ob ihm das gefällt oder nicht. Schwäche oder Mutlosigkeit mögen darunter sein, und wenn er ernsthaft erkrankt, mag er sich unversehens mit der Endlichkeit des Lebens konfrontiert sehen. Geplant war das sicher nicht. Geplant war eventuell lebenslanger Optimismus.

Wenn jemand sein Vermögen an der Börse eingesetzt hat und die Kurse einbrechen, findet er sich statt von Fröhlichkeit von Sorgen bewegt oder gar von Panik regelrecht hin und her geworfen. So sehr er es versucht, er findet kaum Ruhe.

Wenn jemand gerade einen Angehörigen verloren hat, setzen sich Trauer oder Schmerz in seinem Inneren fest, und er kann nicht darüber bestimmen, wie lange das der Fall sein wird. Er muss sich dem beugen und diesem Empfinden Raum gewähren.

Wenn jemand gerade ein Kind in die Welt gesetzt hat, mag er plötzlich von Angst und nicht wie erwartet von reiner Freude ergriffen werden. Seine Angst flüstert ihm ein, dass es jetzt vorbei ist mit der Freiheit, und er braucht eine Weile, um wieder gelassen zu werden.

Umgekehrt freut sich jemand wider Erwarten, wenn er oder sie erfährt, dass ein Kind unterwegs ist, obwohl er oder sie immer vermieden haben, ein Kind zu zeugen.

Wenn sich jemand gerade verliebt hat, mögen lang zurückgehaltene Heiratserwartungen »ausbrechen« und den Betreffenden jede Zurückhaltung aufgeben lassen, obwohl er sich Mühe gibt, den Partner damit nicht zu verschrecken.

Wenn jemand gerade vor Gericht steht, wenn jemandem der Sinn des Lebens abhandenkommt, wenn jemand einen Lottogewinn kassiert oder einen Unfall erleidet, wenn jemand einen beruflichen Erfolg verbucht, wenn jemand seinen Job verliert oder wenn sich ein lang gehegter Traum für ihn erfüllt – in jeder Lebenslage spielt sich in seinem Innersten etwas anderes ab. Ob er das, was sich dort bewegt, deutlich erkennt oder nicht, oder ob er die Bedeutung dessen verkennt, steht auf einem anderen Blatt. Unabhängig davon wird es sich auf sein Verhalten auswirken.

Man darf sich das Innerste daher nicht als einen eingerichteten Raum vorstellen, in dem jeder Gegenstand seinen ihm zugewiesenen Platz hat. Wäre das der Fall, würde man sich in seinem Innersten irgendwann auskennen, und im Innersten des Partners auch. Das Innerste gleicht vielmehr einem leeren Gefäß, einem unbestimmten Raum, durch den Kräfte und Wahrnehmungen hindurchziehen. Darin tauchen – ausgelöst durch Umstände, wie in den obigen Beispielen beschrieben – Gefühle, Gedanken, Körperwahrnehmungen, Fantasien, Pläne, Absichten und Zustände auf oder verschwinden daraus, und jede dieser Bewegungen verändert die Person für den Moment, für eine Phase oder grundsätzlich.

Das Innerste liegt im Dämmerlicht

Der Einzelne muss hinnehmen, dass sich sein Selbst oder sein Partner wandelt, und darüber hinaus muss er akzeptieren, dass diese Wandlungsprozesse ihren Ursprung abseits des alltäglichen Bewusstseins haben, sozusagen im Verborgenen. Das Innerste liegt nicht offen vor einem, geschweige denn vor dem Partner. Es ist kein hell beleuchteter Raum, den man geschwind überblicken und über den man schnell Auskunft erteilen kann. Es liegt eher im Dämmerlicht und zu großen Teilen im Dunkeln. Will man etwas darüber erfahren, muss man sein Bewusstsein darauf lenken. Dabei gleicht das Licht des Bewusstseins – die Aufmerksamkeit – eher einer kleinen Taschenlampe als einem breit und weit leuchtenden Scheinwerfer.

Es braucht etwas mehr als alltägliche Aufmerksamkeit, sich dem Innersten zuzuwenden. Meist hat man »anderes« im Kopf, weshalb die Vorgänge im Inneren leicht übersehen werden. So wie bei der Frau, die ihren Mann nach neun Jahren Ehe plötzlich verlassen wollte. Sie sagte: »Ich wusste schon nach drei Jahren, dass seine Sexualität nicht meiner entspricht. Aber dann kam das erste Kind, und sonst lief es ja ganz gut mit uns. Dann kam das zweite Kind. Inzwischen kann ich das Raubtier im Bett nicht mehr ertragen. Ich habe nicht das Gefühl, dass es um mich geht, sondern nur um ihn.« Wie ist es möglich, dass diese Frau neun Jahre lang ihre Abneigung gegen seine »Raubtiersexualität« zurückhielt? Wie ist es möglich, dass sie ihre eigenen Bedürfnisse zurückstellte? Ihr Mann sah es so: »Du hast mir nie deutlich gemacht, was dich stört, du hast alles mir überlassen, das war für mich Stress.« Für ihn gilt das Gleiche: Wie konnte er so lange Zeit den Stress auf sich nehmen und seine Unzufriedenheit ignorieren, die dadurch hervorgerufen wurde?

Wenn Störendes nicht in die Aufmerksamkeit gerät, wenn es nicht von der kleinen Taschenlampe des Bewusstseins erfasst wird, rückt es meist erst dann ins Licht, wenn es zu deutlichen Spannungen oder gar zu Krisen kommt. Die meiste Aufmerksamkeit ist in der alltäglichen Lebensbewältigung gebunden und steht für die Wahrnehmung innerer Vorgänge nicht zur Verfügung. Hinzu kommt, dass ja grundsätzlich zwei verschiedene Arten von

Veränderungen im Innersten vorstellbar sind. Solche, die man an sich oder dem Partner akzeptieren kann, sobald man sie begriffen hat – und solche, bei denen es schwerfällt, sie zu akzeptieren, weil sie nicht zu der Vorstellung passen, die man von sich oder dem Partner hat.

Was man nicht wahrhaben oder nicht akzeptieren will, ist schwer zu zeigen oder zu bestätigen. Dabei braucht gerade das Bestätigung, worüber der Einzelne nicht bestimmen kann, was ihn gegen seinen Willen verändert und zu einer anderen Person macht. Das, was er selbst als Schwäche oder Makel an sich erlebt. Genau das ist Teil der Aufgabe der neuen Liebe: das Individuum mit dem, was es an sich ablehnt, zu bestärken. Der Partner hat insofern die Chance, als Geburtshelfer neuer Selbstvorstellungen zu fungieren, indem er durch Interesse und Akzeptanz hilft, innere Bewegungen zu entdecken und anzunehmen.

Diese Unterstützung bei der individuellen Veränderung mag durch ein weiteres Beispiel erläutert werden. Eine Frau mittleren Alters erkrankte an Multipler Sklerose, was sie und ihr Leben stark veränderte. Sie selbst kämpfte jahrelang gegen die besondere Empfindlichkeit ihres Körpers, gegen Schwächezustände, Selbstzweifel und gegen die Angst an, den Partner aufgrund ihrer Krankheit zu verlieren. Ihr Partner sah klarer, in wen sie sich verwandelte: in eine Kranke. Durch seine Zuwendung ihren Zweifeln und Schwächen gegenüber half er seiner Frau, sich schließlich als »Kranke« zu akzeptieren und sich auch als diese für liebenswert und bedeutsam zu empfinden. Ihr Mann sagte: »So merkwürdig es klingt, aber seit ich weiß, dass sich ihr Zustand verschlechtern könnte oder dass ich sie verlieren könnte, ist jeder Moment mit ihr intensiver, will ich die Zeit mit ihr auskosten.« Die Frau ist eine andere geworden, ihr Mann trägt diesen Wandel mit, was ihn zu einem anderen macht.

In einem Interview betonte ein prominenter Mann, der bereits einige frustrierende Beziehungen hinter sich hatte, er sei in Sachen Liebe vorsichtiger geworden. Seine zukünftige Partnerin müsse auch seine Schwächen akzeptieren. Offenbar fühlte er sich bisher vor allem wegen seiner Stärken geliebt und blieb mit dem Übrigen allein, vielleicht, weil er es nicht zeigen wollte oder weil er sich Partnerinnen suchte, die das nicht sehen wollten. Obwohl er sich in Ruhm und Geld sonnen konnte, fehlte ihm bisher der Eindruck der Ganzliebe. Sein Innerstes wurde daher nicht zufällig von der Sehnsucht bewegt, seine schwachen Seiten zeigen zu können und auch dafür Bestätigung zu erhalten.

Mir ist der Fall einer Frau bekannt, deren Mann im privaten Rahmen, auf Partys und Geburtstagsfesten, gern als Comedian auftrat. Er selbst glaubte nicht sehr an sein Talent, weshalb sie ein Video zu einer Künstleragentur schickte. In den folgenden Jahren konnte der Mann sein Hobby zum Beruf machen. Sie hatte an seinen Traum mehr geglaubt als er selbst.

Ein Partner kann den anderen darin unterstützen, Schwächen anzunehmen oder Stärken zu zeigen, Bedürfnisse zu billigen oder Sehnsüchte zuzulassen, Emotionen oder Entwicklungen anzuerkennen – was immer sich im Innersten befindet. Was die Person dort bewegt, will wahrgenommen und bestätigt werden, und die Akzeptanz dieser jeweiligen individuellen Entwicklungen ist eine wesentliche Aufgabe der neuen Liebe. Dafür, und nicht für Versorgung oder gemeinsame Interessen, ist die emotional/leidenschaftliche Liebe gedacht.

Warum ist ein Individuum auf diese Fremdbestätigung angewiesen, warum kann der Einzelne sich nicht selbst mit der nötigen Bedeutung versorgen? Weil das Individuum alles, was es an sich mag und was es an sich ablehnt, im Kontakt erworben hat. Das Selbst ist nicht in einem luftleeren Raum entstanden, sondern hat sich im Umgang mit anderen Menschen gebildet – und im Umgang mit anderen kann seine individuelle Ausformung am besten bestärkt werden. Daraus ergibt sich ja der Bedarf an der neuen Liebe.

Man schätzt Individualität falsch ein, wenn man glaubt, der Einzelne lege selbst fest, wie sein Selbst beschaffen sein soll, er habe sich quasi selbst gestaltet, könne selbst über sich bestimmen und sich selbst ausreichend bestätigen. Individualität ist zweifellos ein Auswahlergebnis, aber der Einzelne kann nur aus einem vorhandenen Angebot auswählen. Das Angebot machen die anderen, die Auswahl trifft der Einzelne, und er trifft sie mit Blick auf die anderen. Deshalb bleiben andere, insbesondere der Liebespartner, ein Leben lang bedeutsam. Hinzu kommt, dass der Partner ja oft eher die Veränderung seines Gegenübers erkennt als dieser selbst.

Der Begriff »individuelle Veränderung« sollte hier allerdings nicht auf kurzfristige Schwankungen im Zustand und der Bedürfnislage bezogen werden, sondern auf langfristige Veränderungen des Einzelnen. Auf lange Sicht zeigen sich erhebliche Wandlungen, auch wenn das Individuum glaubt, stets dieselbe Person zu sein. Schauen wir uns solche individuellen Veränderungen einmal anhand einer kurzen Beschreibung der Beziehung eines zweiundfünfzigjährigen Mannes an.

»Wir haben uns kennengelernt, da war ich neunzehn und sie siebzehn. Als junger Mann war ich politisch ziemlich extrem, habe an Demonstrationen und Ausschreitungen teilgenommen, was meiner Freundin nicht gefallen hat. Von sexueller Treue habe ich anfangs nicht viel gehalten und ein entsprechend wildes Leben geführt, das wurde oft zu einer schweren Belastung für unsere Beziehung. Nach einigen Jahren verlor ich den Glauben, die Gesellschaft verändern zu können, gleichzeitig wurde die Beziehung für mich wichtiger. In der Zeit wollte ich alles von meiner Freundin, wollte sie sogar zur Frau. Sie ließ sich nicht heiraten, wollte ihre Unabhängigkeit bewahren, was zu großen Spannungen führte. Meinen damals auftauchenden Kinderwunsch hat sie nicht mitgetragen, weil sie erst beruflich auf die Beine kommen wollte. Ich selbst habe meinen Beruf dreimal gewechselt. Wir sind viermal umgezogen. Ich habe zwei geschäftliche Pleiten und drei wirtschaftlich bedeutende Erfolge hingelegt. Wir haben zeitweise eine offene Beziehung geführt, das dann wieder sein lassen. Zwei Wohnungen habe ich mit Gewinn verkauft, dann an der Börse das meiste Geld verloren. Vier Jahre war ich schwer krank, zeitweise lustlos und niedergeschlagen. Ich bin viel gereist, nicht selten allein. Meine Partnerin hat im Laufe der mehr als dreißig Jahre einiges mitgemacht. Zweimal haben wir uns getrennt, aber immer wieder kurzfristig zueinander gefunden. Rückblickend muss ich sagen, dass es niemanden gibt, von dem ich mich so akzeptiert und verstanden fühle. Ich glaube, das ist der Grund, weshalb wir noch zusammen sind.«

Wenn man sich in die Lage der Frau versetzt, wird nachvollziehbar, dass sie nicht mit ein und derselben Person, sondern im Grunde mit wechselnden Personen konfrontiert war. In jeder Phase war sie gefordert, sich auf etwas anderes zu beziehen, das ihren Mann im Innersten bewegte, oder anders gesagt, auf einen anderen Mann. Man kann sich vorstellen, dass es für die Frau nicht leicht war, das Innerste des Partners zu erkennen und anzuerkennen. Ähnlich sah die Sache für ihn aus.

Jeder könnte solche oder ähnliche Geschichten erzählen. Und obwohl diese Geschichten von jeweils anderen Personen erzählen, empfindet sich der Erzähler stets als dieselbe Person. Er bleibt »Ich«, auch wenn dieses Ich in jeder Phase ein anderes war.

Es braucht Zeit und Aufmerksamkeit, sich und dem Partner auf der Spur zu bleiben und den Bewegungen des Innersten nachzuspüren. Ein Mann, ein Psychologe zudem, mit dem ich über das Innerste und dessen Bedeutung in der Paarbeziehung sprach, sagte mir: »Nach vierzig Jahren Ehe fragt man seinen Partner nicht mehr, wie es ihm geht, was ihn bewegt. Man weiß das. Und wenn sich etwas verändert, dann muss der Partner oder man selbst das eben sagen.« Bezeichnenderweise führte der Mann heimlich eine Nebenbeziehung. Er ließ seine Frau nicht wissen, was ihn bewegt, und sicherlich weiß er vieles nicht, das seine Frau beschäftigt. Wie konnte er glauben, die beiden wüssten, wie es ihnen tief innen miteinander ergeht? Und wie bekam er es hin, seine Veränderung, seine Nebenbeziehung, zu verheimlichen, obwohl er angibt, man müsse so etwas sagen? Ganz offenbar sah er die Beziehung zu seiner Frau nicht mehr als Liebesbeziehung an, sondern als rein partnerschaftliche Bindung.

Beziehungs-Updates

Der Wandel des Innersten, die Tatsache, dass Partner über die Zeit hinweg auf etwas jeweils anderes Bezug nehmen müssen, wenn sie sich nicht aus den Augen verlieren, sondern im Auge behalten wollen, hält die emotional/leidenschaftliche Liebe lebendig, wenn auch nicht gerade auf freiwillige Weise.

Die emotional/leidenschaftliche Liebe kann sich nicht auf einem Status quo ausruhen, sie ist auf Updates angewiesen. Sicherlich ist es nicht immer leicht, sein Innerstes mitzuteilen oder sich dem Partner entsprechend zuzuwenden. Oft braucht es die Unterstützung des Partners oder die Hilfe der Beziehung als Seismograf, um einen Wandel zu erkennen. Wenn man aber das Innere der Person als einen Raum mit wechselnden Inhalten sieht, dann folgt daraus die Notwendigkeit, sich selbst und den Partner von Zeit zu Zeit neu zu entdecken. Dann gibt es lebenslang kein Ende einer persönlichen Entwicklung und niemals eine fertige Persönlichkeit. Und dann verliert auch die emotional/leidenschaftliche Liebe potenziell nie ihren Job, weil es stets Entwicklungen gibt, auf die man neugierig reagieren kann.

Halten wir fest: Partner können sich nie in einem umfassenden oder gar endgültigen Sinn kennen. Wenn sie ihre Liebe erhalten wollen, müssen sie sich auf das beziehen, das sie im Innersten bewegt. Dort, unterhalb der glatten Oberfläche der Selbstvorstellungen, in der Tiefe des Innersten, finden stetig Veränderungen statt, die sich dem Bewusstsein nur allmählich erschließen. Das Innerste zu erfassen gleicht daher einer Forschungsreise, die zugleich Selbsterkenntnis fördert. Das Innerste wird zu einem Entdeckungsraum, dessen Erforschung die emotional/leidenschaftliche Liebe am Leben halten kann.

Das Paradox der emotional/ leidenschaftlichen Paarliebe

Da das Innerste der Einzelnen beständig seine Inhalte wechselt, lernt man weder sich noch den Partner je *ganz* kennen, das habe ich ausgeführt. Von dieser Unvollkommenheit lebt die neue Liebe. Individuelle Veränderungen haben zur Folge, dass die Partner sich zumindest vorübergehend aus den Augen verlieren – und um ihre Liebesbeziehung aufrechtzuerhalten, sind sie gefordert, sich erneut zu finden.

In gewisser Hinsicht ist die emotional/leidenschaftliche Liebesform paradox. Die individualisierte Psyche will ihre Isolation aufheben, hat aber nicht die geringste Chance, sich mit einer anderen Psyche zu verbinden. Es ist ihr lediglich möglich, ihre Vereinzelung für die Dauer intensiver Begegnungen zu vergessen. Ihr Bemühen, eine unüberbrückbare Kluft zu überbrücken, ist vergebens. Aber gerade dieser Versuch, das Unmögliche zu erreichen, hält die emotional/leidenschaftliche Liebe am Leben. Wäre die Kluft zwischen den Individuen überbrückbar, verlöre die Liebe Sinn und Zweck, sie würde überflüssig werden.

Sehr plastisch wird dieser Zusammenhang zwischen Liebe und Individualität im *Star-Trek*-Epos anhand einer Spezies namens Borg verdeutlicht. Die Borg kennen keine Individuen und kein individuelles Bewusstsein, da ihre Psychen miteinander verbunden sind. Sie haben sozusagen erreicht, wovon mancher Partner träumt. Was einer denkt, denken alle, und was einer fühlt, fühlen alle: Die Borg leben in vollkommener Verbundenheit miteinander. Aufgrund dieser dauernden und vollkommenen Übereinstimmung gibt es bei ihnen logischerweise keinen Bedarf an Liebe. Sie brauchen keine Bestätigung, weil es kein Bewusstsein der Vereinzelung gibt. Sie brauchen keine Bestätigung, weil sie sich nicht voneinander unterscheiden. Sie brauchen keine Liebe, weil sie eins sind und den Eindruck vollkommener Verbundenheit nicht herstellen müssen, sie sind nicht auf den Eindruck der Ganzliebe angewiesen.

Bei uns Menschen verhält sich das anders, da bedingen Getrenntheit und neue Liebe einander. Ohne Getrenntheit gäbe es keinen Bedarf an Liebe. Wäre es möglich, die Schranken zwischen den Psychen aufzulösen, wäre das Ende der Paarliebe gekommen. Es gäbe kein Ich mehr, das nach seiner Bedeutung für einen Partner sucht. Nur solange es Individualität gibt, wird die intime Bestätigung eines anderen Individuums gebraucht. Nur weil es voneinander isolierte Psychen gibt, ist der Eindruck der Ganzliebe nötig. Nur weil es den Abstand zwischen den Einzelnen gibt, muss dieser von Zeit zu Zeit in intensiven Begegnungen überbrückt und vergessen werden.

Insofern braucht die neue Liebe keine Angst vor einem Bedeutungsverlust zu haben. Im Gegenteil. Die Individualität hat heutzutage eine enorme Aufwertung erfahren und gewinnt weiter an Gewicht, was gleichbedeutend damit ist, dass sich der psychische Abstand zwischen den Menschen vergrößert. Deshalb wächst auch die Bedeutung der emotional/leidenschaftlichen Liebe entsprechend.

Die emotional/leidenschaftliche Liebe ist eine *Liebe der Individuen*. Und entgegen landläufiger Ansicht brauchen Individuen nicht weniger, sondern mehr Liebe, im Sinne einer intensiveren Liebe. Liebe und Individualität sind gleichwertig, das eine kommt ohne das andere nicht aus.

Dieser Zusammenhang lässt sich in der paradox erscheinenden Erkenntnis zusammenfassen: Nur Getrennte können lieben! Zumindest, was die emotional/leidenschaftliche Liebe angeht.

Die Bewältigung schwieriger Lagen

Nur Getrennte können lieben. Die Konsequenz davon lautet, dass die Liebe im Spannungsfeld zwischen den Individuen eine komplexe und entsprechend komplizierte Angelegenheit darstellt.

Halten wir diesbezüglich fest: Individuen sind auf Liebesbeziehungen angewiesen, weil Individualität einerseits Freiheit, andererseits aber auch Vereinzelung mit sich bringt. Liebesbeziehungen haben also zwei Seiten, die schöne Seite inniger Verbundenheit und die schwierige Seite der Selbstbehauptung. In einem solchem Spannungsfeld kann eine Paarbeziehung auf Dauer nicht konfliktfrei verlaufen, das dürfte ich ausreichend dargelegt haben.

Konflikte entstehen, weil sich Personen unweigerlich wandeln. Zugleich ist es schwer, individuellen Wandel bei sich oder beim Partner überhaupt zu bemerken. Jede wichtige Veränderung muss daher einen gewissen Druck erzeugen, um auf sich aufmerksam zu machen, das heißt, sie wird sich als Beziehungsstörung bemerkbar machen.

Der Punkt, an dem eine Veränderung die Bewusstseinsschwelle überschreitet, ist zugleich ein Point of no return. Wenn die Veränderung bemerkt wird, ist sie längst geschehen und kann weder geleugnet noch rückgängig gemacht werden. Damit ist eine schwierige Lage entstanden, die bewältigt werden will.

Bewältigung wiederum geschieht nicht aufgrund schneller Einsicht oder schlichter Entscheidung, sondern stellt einen längeren Prozess der Auseinandersetzung mit dem Selbst und dem Wandel, mit gewohnter Identität und der Suche nach einer neuen Identität dar. Darin trifft Bisheriges auf Neues, Gewohntes auf Unerwartetes, Vertrautes auf Fremdes, was zwangsläufig zu inneren Konflikten und zu Auseinandersetzungen mit dem Partner führt.

Die unvermeidlichen Paarkonflikte, die die neue Liebe mit sich bringt, kann und sollte man aber positiv sehen. Positiv gesehen weisen sie als Alarmsignale auf nicht adäquat wahrgenommene und unberücksichtigte Veränderungen hin. Sie zeigen in der Art von Sensoren, dass eine neue Lage eingetreten ist. Sie dienen so gesehen der Orientierung darüber, wie und ob es miteinander weitergeht. Sie machen zugleich klar, dass eine Paarbeziehung für ein Individuum nur dann sinnvoll erscheint, wenn die Person als der Mann oder die Frau, zu dem/der er/sie geworden ist, darin unterkommt.

Auseinandergelebt?

Wenn eine gegenseitige Anerkennung auf tiefer Ebene nicht erreicht wird, wenn die Partner den Eindruck gewinnen, nicht sie selbst sein zu können, ziehen sie sich schrittweise aus der Beziehung zurück. Das heißt, sie schränken den »Vorgang Lieben« ein, den Vorgang, der durch Offenbarung und Zuwendung gekennzeichnet ist.

Das beim Einzelnen verortete »Gefühl Liebe« kann dann zwar noch eine ganze Weile bestehen bleiben, die Erinnerung an den Partner, wie er war, und die Hoffnung, dass es wieder so sein wird, wie es war, kann die Beziehung eine Weile erhalten, aber die Partner können nicht ewig aus der Vergangenheit schöpfen. Wenn der »Vorgang Liebe« auf lange Sicht nicht funktioniert, wenn keine Liebe (keine Bestätigung, keine Leidenschaft, keine positive Emotion etc.) »rüberkommt«, darben die Liebesgefühle und sterben allmählich ab. Die Partner gelangen schließlich zu der Überzeugung, sich auseinandergelebt zu haben.

Alarm für die emotional/ leidenschaftliche Liebe

Die Aussage »Wir haben uns auseinandergelebt« oder »Wir sind einfach zu unterschiedlich« ist eine starke Alarmmeldung der neuen Liebe. Wenn Partner das ernst meinen, obwohl sie einmal den Eindruck hatten, sie würden perfekt zueinanderpassen, läuft der Zeiger ihrer Beziehung meist gegen zwölf Uhr. Allerdings steht zu diesem Zeitpunkt nur eines fest: Die Partner haben sich aus den Augen verloren. Sie haben aufgehört, sich füreinander zu interessieren. Sie wenden sich nicht mehr dem zu, was den anderen in seinem Innersten bewegt. Das muss aber nicht das Ende ihrer Beziehung sein. Dass sie unterschiedlich sind, ist nichts Neues, das waren sie von Anfang an. Dass sich im Laufe der Zeit einiges verändert hat, steht ebenso fest. Aber ob und wie sie diese Veränderung in die Beziehung integrieren können, das wissen sie zu diesem Zeitpunkt nicht, obwohl sie daran glauben, alles Mögliche versucht zu haben. Nur: Wie soll man etwas berücksichtigen, das man aus den Augen verloren oder das man gar nicht erst in den Blick genommen hat?

Wenn eine Veränderung stattfindet und bestimme Unterschiede vage deutlich werden, kommt zwischen den Partnern zuerst ein Thema auf den Tisch. Ich habe es weiter oben schon als die »Sache« beschrieben, um die es im Konflikt angeblich geht. Dieses Thema mag Sexualität, Geld, Erziehung der Kinder, Wohnung, Urlaub, Zukunftsplanung oder sonst wie heißen. Warum können Partner unter Umständen keine Lösung für das jeweilige Thema finden? Um eine Antwort in Bezug auf die emotional/leidenschaftliche Liebe zu finden, fragt man besser andersherum: Wie verhalten sich Paare und als wer begegnen sich Partner, wenn sie keine Lösung für ein bestimmtes Thema finden?

Schauen wir uns das an einem Beispiel an, am Beispiel des Themas Wohnung, einem Beispiel aus der Praxis meiner Paarberatung. Die Partner, beide Ende zwanzig, wollen zusammenziehen, sind sich aber über die Modalitäten uneinig. Die Frau möchte eine neue Wohnung mieten, der Mann möchte, dass sie in seine Wohnung einzieht, schließlich sei diese groß genug für beide. Der Konflikt über diese »Sache« ist im Gange.

Thema	**Neue Wohnung?**
Streit	Die Partner streiten sich und argumentieren. *Ihm* ist eine neue Wohnung zu teuer, *sie* will nicht »bei ihm« einziehen, sondern gemeinsam etwas Neues anfangen. Außerdem hätte sie in seiner Wohnung nur ein kleines Zimmer. Die beiden diskutieren Vor- und Nachteile, versuchen, sich gegenseitig zu überzeugen. Aber das klappt nicht, jeder beharrt auf seinem Standpunkt. Die beiden lösen das Thema nicht, weil sie *wie Fremde* miteinander umgehen, wie Personen, die um jedem Preis ihre eigenen Interessen durchsetzen wollen.
Kompromiss	Die beiden versuchen nun, einen Kompromiss auszuhandeln. *Er* bietet ihr an, sein größeres Zimmer zu nehmen, *sie* bietet ihm an, eine kleine, günstige Wohnung zu suchen. Das Ergebnis ist für beide jedoch nicht zufriedenstellend, keiner kann sich mit dem vorgeschlagenen Kompromiss anfreunden.

	Auch damit wird das Thema nicht gelöst. weil die beiden *wie Partner* miteinander verhandeln, das heißt, jeder soll gewisse Abstriche von seinen Vorstellungen machen und einen Teil davon durchsetzen. Aber Beziehung ist weder Politik noch Business.
Wohlwollen	Die beiden versuchen nun, auf die Vorstellungen des anderen eingehen. *Er* schlägt vor, dass sie erst mal bei ihm einzieht und sie sich dann »später« eine andere Wohnung suchen. *Sie* schlägt vor, dass er sich erst einmal auf etwas Neues mit ihr einlässt und erklärt sich bereit, den größeren Teil der Kosten zu übernehmen. Auch dieser Versuch, wie Freunde – also wohlwollend – mit dem Thema umzugehen, führt zu keiner guten Lösung.

Die oben aufgeworfene Frage lautete: »Wie verhalten sich Liebespaare, wenn sie keine Lösung für ein Thema finden?« Sie verhalten sich eben *nicht* wie Liebespaare. Sie diskutieren und versuchen, sich nach dem Motto »Meine Idee ist besser, sieh das endlich ein« gegenseitig zu überzeugen. Dieses Vorgehen garantiert Streit. Oder sie verhandeln und versuchen, den kleinsten gemeinsamen Nenner zu finden. Das garantiert Unzufriedenheit auf beiden Seiten. Oder sie versuchen, es jedem recht zu machen, jedem zu seinem Glück zu verhelfen. Das garantiert im Fall der Wohnung Frustration, weil es schlicht nicht möglich ist.

Die Partner wenden eine Menge Kraft auf, um das Thema zu lösen, ohne zu einer tragfähigen Entscheidung zu kommen. Der

Fehler liegt hier wie in den meisten Fällen darin, dass sich die Partner fragen, *wie* sie mit dem Thema umgehen sollen. Die Frage ist allerdings falsch gestellt. Die richtige Frage lautet: *Als wer* gehen sie mit dem Thema um? Als Fremde, als Partner, als Freunde oder als Liebespartner?

Die Frage ist entscheidend, denn in jeder Beziehungsform wird etwas anderes zur Grundlage von Entscheidungen, und daher findet sich jeweils eine andere Umgangsweise mit dem gleichen Thema. Bei Fremden liegt das jeweilige Eigeninteresse einer Einigung zugrunde, bei Partnern der Leistungsausgleich, bei Freunden das Wohlwollen. Bei Liebespartnern verhält es sich anders. Sie müssen auf das eingehen und das ihrer Entscheidung zugrunde legen, was jedem Partner »am Herzen« oder »auf der Seele« liegt.

Was den Partnern am Herzen oder auf der Seele liegt, zeigt sich – wie schon betont – nicht offen, sondern es befindet sich irgendwo im Inneren. Was immer es ist, es handelt sich dabei nicht um das Thema, sondern vielmehr um die Gefühle und Empfindungen, die jeder mit der Sache verbindet. Es geht um Sehnsüchte, Ängste, Hoffnungen, Enttäuschungen etc. Daher kommt es darauf an, sich dem zuzuwenden, was hinter oder unter dem Thema verborgen ist. Gelingt das, wird die gegenseitige Wahrnehmung der Innenwelten zur Grundlage der Entscheidung von Liebespartnern.

Das heißt, und dieser Hinweis ist bedeutsam: *Liebespartner gehen mit demselben Thema anders um!* Und zwar deshalb, weil sie sich auf Gefühle berufen, zu denen sonst niemand Zugang hat. Sie gehen weder vernünftig noch ausgleichend noch gerecht mit einem Thema um, sondern auf eine besondere, emotionale Weise. Und bevor die entsprechenden Gefühle nicht ausgetauscht sind, verfügen sie über keine Grundlage für eine Entscheidung, zumindest nicht für eine Entscheidung, die sich auf Liebe berufen kann.

Gleiches trifft für Beziehungen zu, in denen die Partner überzeugt sind: »Wir haben uns auseinandergelebt.« Da ein solches Paar längere Zeit nicht wie ein Liebespaar mit den jeweiligen Themen umgegangen ist, da es entweder gekämpft hat oder keinen Anteil am Innersten nahm, kann es sich nicht als Liebespaar empfinden. Ob ihre Beziehung noch Potenzial hat, stellt sich erst dann heraus, wenn die Partner sich für die Gefühlswelten interessieren, die sie bisher übersehen, links liegen gelassen, vermieden oder geleugnet haben. Erst nachdem sie sich auf die emotionale Grundlage einer emotional/leidenschaftlichen Liebe gestellt haben, kann sich zeigen, wie *diese beiden* mit einem Thema umgehen.

Es geht also darum, einen emotional/leidenschaftlichen Umgang mit einem Thema zu finden. Was zeichnet einen solchen Umgang miteinander aus? Da ist auf jeden Fall das Interesse am Innersten des Partners. Das Interesse, viel tiefer in die Innenwelt des Partners einzusehen und/oder ihm einen viel tieferen Einblick darin zu geben, als das in allen anderen Beziehungsformen möglich ist.

Allerdings kommt eine Komplikation hinzu. Es geht nicht bloß um ein Interesse am anderen. Es geht um ein Interesse an der Innenwelt des Partners *unter der Bedingung, dass wieder einmal Veränderungen stattgefunden haben und erneut Unterschiede zutage getreten sind*! Der Partner scheint fremd! Wie kann man sich einem Partner gegenüber verhalten, von dem man glaubte, man würde ihn kennen, dann aber feststellen muss, es mit einem anderen, einem Veränderten zu tun zu haben? Mit einem, dessen Aussagen oder dessen Verhalten stört, nervt oder verletzt? Am besten so, wie es ganz offensichtlich zu sein scheint: Man tut so, als ob man den Partner nicht kennt!

Sich auf den Partner beziehen

Wenn man jemanden nicht kennt, aber sehr an seinen Ansichten, Zuständen, Empfindungen und Zielen interessiert ist, dann diskutiert man nicht mit ihm, sondern fragt nach seinen Motiven. Wenn etwas Unerwartetes auftaucht, negiert man das nicht, sondern staunt darüber. Wenn etwas Unerklärliches passiert, wischt man es nicht weg, sondern wundert sich darüber. Man glaubt auch nicht, gleich zu wissen und zu verstehen, was der andere mit dem meint, was er sagt, sondern prüft, ob man richtig verstanden hat und richtig verstanden wurde. Und man redet nicht Schlag auf Schlag in einem atemlosen Dialog, sondern lässt sich Zeit, die Aussagen des anderen in sich zu bewegen.

Wenn Sie ein Paar beobachten, das sich in einem seit Längerem bestehenden Konflikt befindet, werden Sie feststellen, dass die Partner nichts von alledem tun, sondern exakt das Gegenteil davon. Sie diskutieren, negieren, wischen weg, werten ab, glauben, die wahre Bedeutung der gesprochenen Worte zu verstehen, und darüber hinaus jagt ein Reizwort das andere. Jeder ist von Emotionen und den dazugehörigen Unterstellungen beherrscht und lässt dem Partner kaum Raum.

Selbst in der Beratung ist es manchmal nicht leicht für mich, bei solchen Paaren »dazwischenzukommen«. Daher besteht ein wichtiger Teil meiner Arbeit darin, eine Bereitschaft und Atmosphäre zu schaffen, in der die Partner sich so begegnen können, als würden sie sich – in Bezug auf das aufgeworfene Thema – gerade erst kennenlernen. Ich muss dafür sorgen, dass sie neugierig aufeinander werden, dass sie übereinander staunen, sich wundern, dass sie überprüfen, ob sie richtig verstehen und verstanden werden, und dass sie sich Zeit nehmen, das Gehörte und Gesagte wirken zu lassen.

Mit anderen Worten: Ich muss dafür sorgen, dass die Partner sich *aufeinander beziehen.* Sich auf den Partner zu beziehen, verändert nämlich sehr viel. Manchmal verändert es alles.

Was kam bei dem obigen Paar bezüglich der Wohnung heraus, nachdem sie wie Liebespartner miteinander umgingen? Nachdem sie ihr Innerstes erforscht und einander gezeigt haben? Es stellte sich heraus, dass es nur vordergründig um die Sache, um die besagte Wohnung ging. Hinter *ihrem* Wunsch nach einer neuen Wohnung und *seinem* Argument, eine neue Wohnung sei zu teuer, verbarg sich mehr. Er war unsicher, ob das Zusammenleben klappen würde, und wenn nicht, könnte seine Freundin ausziehen, ohne dass zusätzliche Kosten entstanden wären. Für sie bedeutete die neue Wohnung ein Bekenntnis zur Partnerschaft und ein neuer Lebensabschnitt, in dem sie ihre berufliche Karriere aufbauen wollte. Beide verbanden, ohne sich dessen bewusst zu sein, mit dem Zusammenziehen unterschiedliche Ziele. Das wurde vollends deutlich, als sie ihre Vorstellungen voreinander entfalteten, indem sie davon fantasierten, wie das gemeinsame Leben in einiger Zeit, in einigen Jahren idealerweise für jeden aussehen würde. Diese Zukunftsvorstellungen erwiesen sich als sehr verschieden. *Er* sah in dieser nahen Zukunft eine Familie mit Kindern und ein Paar mit traditioneller Rollenteilung. *Sie* hingegen sah ein Paar, bei dem beide Partner fest im Beruf standen und Kinder noch in weiter Ferne waren. Auf seine Frage: »Und Kinder? Wenn nicht jetzt, wann dann?«, erhielt er die Antwort: »Keine Ahnung, irgendwann. In zehn Jahren vielleicht. Ich habe doch nicht sechs Jahre studiert, um jetzt gleich Kinder in die Welt zu setzen.«

Ich übertreibe nicht, wenn ich jetzt sage, dass die beiden sich an diesem Punkt »neu« kennenlernten, jedenfalls in den persönlichen Aspekten, die hinter dem Konflikt stehen. Wie wichtig ihm Familie und wie wichtig ihr berufliche Unabhängigkeit sind, war ihnen bis dahin nicht bewusst gewesen. Mit dieser – für beide verblüffenden – Erkenntnis war das Thema Wohnung vorläufig vom Tisch. Die zwei wollten sich zuerst klar werden, wie ihre Beziehung unter den zutage getretenen Unterschieden aussehen könnte, ob sie zum gegenwärtigen Zeitpunkt überhaupt zusammenziehen sollen oder ob sie damit besser warten, bis sie wissen, ob und wie eine gemeinsame Zukunft vorstellbar sein kann.

Bei diesem Paar haben Auseinandersetzungen und Diskussionen aufgehört, nachdem die jeweiligen Partner sich aufeinander bezogen. Was bedeutet es, sich auf den Partner zu beziehen? *Es bedeutet, nicht nur die eigene Innenwelt, sondern auch die Innenwelt des Partners in die Wahrnehmung der Situation mit einzubeziehen.* Geschieht das, ändern sich augenblicklich die Gefühle der Beteiligten – und sie können wie Liebespartner miteinander umgehen.

Sich beziehen verändert die Wahrnehmung und die Gefühle

Gefühle sind für die neue Liebe zentral, das habe ich eingehend beschrieben. Gleichzeitig haftet ihnen der Schein einer gewissen Objektivität an. Wer von einem Gefühl ergriffen oder beherrscht wird, glaubt, damit »recht« zu haben, und kann sich nicht vorstellen, damit »danebenzuliegen«. Gefühle sind jedoch alles andere als objektiv, sie sind sogar zutiefst subjektiv. Sie »sind« auch nicht einfach da, sie sind schlicht »gemacht«, sogar selbst gemacht. Nur werden sie auf der Ebene des Unbewussten, abseits jeder Beobachtung, produziert. Wie also macht man sich Gefühle?

Der »Produktionsprozess« von Gefühlen umfasst vier Schritte. Erstens braucht es eine Situation, die zweitens gedeutet wird, was drittens zu einer Unterstellung führt, die viertens das entsprechende Gefühl aufruft.

Nehmen wir zur Erläuterung dessen ein Paar, das in verschiedenen Wohnungen wohnt, weshalb die Partner sich verabreden müssen, wenn sie sich treffen wollen. In dieser Situation fragt A: »Wann sehen wir uns?«, und B antwortet: »Nächste Woche geht es nicht.« Bei A entsteht nun blitzschnell ein schmerzliches Gefühl. Wie kommt dieses Gefühl zustande? Indem A die Worte von B auf seine Weise deutet und daraus seinen Schluss zieht. Da A sich verletzt fühlt, muss er die Antwort in der folgenden Art gedeutet haben: »B will mich nicht sehen, sonst nähme er sich Zeit für mich.« Und dann unterstellt er B noch: »Ihm liegt weniger an der Beziehung als mir.« Und schon ist das Gefühl Schmerz da. Entsprechen Deutung und Unterstellung nun der Wahrheit? Oder sind sie lediglich wahr-*genommen*? Ist die Deutung richtig und die daraus gezogene Unterstellung schlüssig? Für A steht das jedenfalls fest.

Zudem wird A sagen, B habe ihm das Gefühl *gegeben*. Das entspricht zwar seinem Empfinden, nicht aber der Realität. Man kann dem Partner kein Gefühl geben, schließlich sind die Psychen getrennt, und kein Partner kann etwas in die Psyche des anderen hineintun, auch nicht Gedanken und Gefühle. Die Wahrheit ist: Der Partner A hat ein Gefühl gewonnen, er hat es selbst gebildet, und zwar aufgrund seiner Deutung und Unterstellung. Jemand anderes hätte anders gedeutet. Aber A ist angesichts seiner Lebenserfahrung eben A und deutet durch seine Brille, in diesem Fall eine Brille namens »Getrenntheit«. Das Ergebnis ist Schmerz.

Wie kann sich dieses Gefühl verändern? Immerhin geht es um Schmerz. Doch obwohl es sich um ein eindrückliches Gefühl handelt, kann es sehr schnell umgewandelt werden, ebenso schnell, wie es entstanden ist.

Stellen wir uns dazu vor, A bezieht etwas Zusätzliches in seine Wahrnehmung mit ein. Bisher hat A nur seine Frage und sein Verständnis der Antwort von B in die Beurteilung der Lage einbezogen. Plötzlich fällt ihm jedoch auf, dass B feuchte Augen bekommt, außerdem hört er B sagen: »Ich hätte dich gern vorher getroffen, aber ich muss auf eine Fortbildung in die USA.« Mit dieser Wahrnehmung (B ist traurig) und den Worten (»Ich hätte dich gern vorher getroffen«) ändert sich das Gefühl von A. Der Schmerz ist so schlagartig verschwunden wie er aufgetaucht war und einem Gefühl tiefer Verbundenheit, dem Gefühl von Liebe, gewichen.

Das Gefühl hat sich geändert, weil etwas Zusätzliches in die Wahrnehmung mit einbezogen wurde, wodurch sich eine andere Deutung (B würde mich gern sehen) und eine andere Unterstellung (B liegt viel an der Beziehung) ergeben.

Sich auf den Partner beziehen bedeutet, das, was den Partner im Kern bewegt, mit in die eigene Wahrnehmung zu nehmen, wodurch die eigene Gefühlslage verändert wird. Also: Das Gefühl des Partners ändert mein Gefühl; und meine Gefühlswelt nimmt wiederum Einfluss auf die Gefühlswelt des Partners. Dieser Rückkopplungsmechanismus ist unverzichtbar, aus ihm ergibt sich die besondere, sehr exklusive Beziehungsform der emotional/leidenschaftlichen Liebe.

Ich will ein weiteres, gewichtigeres Beispiel für einen Gefühlswandel durch Bezug auf das Innerste schildern. Ein Paar hat Probleme in der Sexualität. Der Mann verliert öfter die Erektion, zudem fällt es ihm schwer, darüber zu sprechen, meist schweigt er sich aus. Seine Frau ist frustriert, manchmal auch wütend, und nach Jahren kommt sie zu dem Schluss – der Deutung –, dass er sie nicht attraktiv findet. Sie unterstellt ihm, kein sexuelles Interesse an ihr zu haben. Seiner Beteuerung, es habe mit ihr nichts zu tun, das Problem läge an ihm, glaubt sie nicht. Die Sache eskaliert, und die Beziehung scheint bedroht. Erst nachdem sie ihm klarmacht: »Ich kann nicht mehr, ich denke, ich werde mich scheiden lassen«, überwindet der Mann seine Hemmung und sagt in einem Streit: »Das ist nicht wegen dir, sondern wegen der Sache damals.« Seine Frau stutzt. Sie interessiert sich für die Sache von damals. Schließlich erzählt er ihr von einem Missbrauchserlebnis im Alter von zwölf Jahren durch seinen Onkel. Der Onkel hatte sein Glied berührt, und er sei davon erregt worden, obwohl er das nicht wollte. Das sei nicht einmal, sondern mehrfach geschehen. »Seither schäme ich mich, wenn ich erregt bin.« Diese Mitteilung verändert das Gefühl der Frau – ein Gefühl, das sich immerhin über Jahre aufgebaut hat – in ganz extremer Weise. Statt Ärger, Enttäuschung und Wut empfindet sie nun Mitgefühl und Zärtlichkeit für ihren Mann. Bezug kann viel verändern. Bezug auf das Innerste verändert alles.

Gefühle gehören auch der Beziehung

Wenn ein Partner etwas einbezieht, das er bisher nicht in seine Deutung einbeziehen konnte, weil er es nicht wahrgenommen hat oder weil er es nicht mitgeteilt bekam, verändert sich seine Gefühlslage umfassend. *Gefühle gehören insofern nicht nur dem Individuum, sondern auch der Beziehung.* Sie ergeben sich in den Reaktionen der Partner aufeinander. Daher besteht jederzeit die Möglichkeit, dass sich Gefühle ändern, indem sich Verhalten ändert, wobei zum Verhalten sowohl Worte als auch Taten gehören.

Das trifft sogar auf Gefühle zu, die sich über lange Zeiträume aufbauen. So wie bei dem folgenden Paar, das seit vier Jahren zusammen ist. Beide waren vorher längere Zeit Singles, sie leben in getrennten Wohnungen. Der Mann möchte die Frau häufiger sehen als diese ihn. Anfangs fiel es ihm leicht, diesen Unterschied zu akzeptieren. Doch im Laufe der Zeit fühlte er sich mehr und mehr abgewiesen. In der ersten Zeit gab er sich mit ihrer Begründung zufrieden, sie habe beruflich viel zu tun, sie sei abgespannt und müsse sich erholen, sie sei eben eine Person, die viel Zeit für sich bräuchte etc. Doch nach vier Jahren erreichten ihn diese Erklärungen nicht mehr. Er stellte die Beziehung zunehmend infrage.

Eines Tages wird es ihm zu viel, und er konfrontiert seine Freundin mit seinem Empfinden. Er teilt ihr mit: »Neben dir fühle ich mich oft allein. Ich weiß gar nicht, was du von mir willst.« Diese Worte sind insofern klar, als sie weder Anklagen noch Vorwürfe enthalten, gegen die die Frau sich wehren könnte. Es sind sozusagen direkte Mitteilungen aus seinem Inneren, an denen kaum etwas zu deuteln ist. Nun bleibt der Frau prinzipiell nur zweierlei: Entweder sie bezieht seine Gefühle mit ein oder sie wischt sie weg, etwa mit der Bemerkung: »Du weißt doch, was ich von dir will.« Oder mit der beschwichtigenden Feststellung: »Du brauchst dich doch nicht allein zu fühlen, wir sind doch zusammen.« Die Frau aber bezog seine Gefühle mit ein und antwortete: »Ich will mit dir sein. Aber ich habe auch Angst. Ich habe Angst, meine mühsam errungene Unabhängigkeit zu verlieren und wieder da zu landen, wo ich nach den vorigen Beziehungen war.«

Die Frau hatte Angst, in emotionale Abhängigkeit zu geraten, so wie es ihr zweimal passiert war. Ihre Worte waren ebenfalls direkte Mitteilungen aus dem Innersten. Diese Worte veränderten seine Deutung (»Ihr ist Beziehung nicht so wichtig«) und seine Unterstellung (»Sie wird mich doch verlassen«). Beide konnten sich auf die Gefühle des anderen beziehen, was sie einander sehr nahebrachte. Nach einigen Monaten berichtete er: »Wir sehen uns im Grunde nicht wesentlich öfter, aber ich habe ein ganz anderes Gefühl zu ihr. Ich spüre ihre Unsicherheit und wie verletzlich sie ist, und dadurch kann ich mit meinem Gefühl der Einsamkeit besser umgehen. Und wenn wir uns treffen, sehe ich es als Beweis ihres Interesses an mir.«

Man kann sich leicht vorstellen, wie die Situation zwischen dem Paar hätte eskalieren können, wie es zu üblem Streit gekommen wäre und wie beide Partner schließlich mit dem Brustton der Überzeugung verkündet hätten: »Wir sind einfach zu unterschiedlich, wir passen nicht zueinander!«

Schwierige Lagen entstehen meist, weil Partner sich aus den Augen verlieren. Aber sie verlieren nicht den Partner, sondern sein Innerstes aus den Augen, indem sie den »Vorgang Lieben« einschränken, der aus Offenbarung und Zuwendung den Dingen gegenüber besteht, die jeden »im Herzen« oder »in der Seele« bewegen. Vor allem Partner, die seit Längerem zusammenleben, vernachlässigen leicht die Liebeskommunikation, weil sie glauben, sich gut zu kennen. Sie meinen, jeder wüsste, was im anderen vor sich geht.

Das soll ein weiteres Beispiel erläutern. Das Paar ist seit neun Jahren zusammen. Nach vier Jahren schlug die Frau vor zu heiraten, was ihr Freund vehement ablehnte. Damals kam es zu einer Krise, an der die Beziehung um ein Haar zerbrach. Über das Thema wurde seither geschwiegen. Dann verliebte sich die Frau in einen anderen Mann, was nach einigem Streit zu einer offenen Auseinandersetzung führte. Die Frau erklärte: »Damals bin ich irgendwie von dir weggerückt. Dass du mich nicht heiraten wolltest, war eine starke Zurückweisung, ich war sehr verletzt.« Auf die Frage: »Warum hast du das denn nicht mehr angesprochen?«, meinte sie: »Du hättest mich doch sowieso wieder auflaufen lassen.« Der Mann verneinte dies: »Das ist fünf Jahre her, da hat sich für mich viel geändert.« Daraufhin musste er sich anhören: »Dann hattest du genug Zeit gehabt und auch etwas sagen können.«

Die Frau unterstellte ihm, »der wird nie heiraten«, und ihr Freund war davon überzeugt, das Thema sei erledigt, schließlich hatte sie ja »lange nichts gesagt«. Sie hielten mehr als fünf Jahre an dem Irrglauben fest, den anderen zu kennen, zu wissen, wie er ist und was ihn bewegt, mit der Konsequenz, dass sie sich – zumindest in dieser emotional wichtigen Angelegenheit – aus den Augen verloren.

Schwierige Lagen sind ein Zeichen dafür, dass etwas aus dem Blick geraten ist oder gar nicht in den Blick genommen wurde. Ob eine Beziehung eine Chance hat, wenn eine solche Situation entstanden ist, hängt wesentlich von der Bereitschaft der Partner ab, sie zu bewältigen. Dazu gehört in erster Linie das Ins-Auge-Nehmen des Partners, das mit dem Sich-Zeigen zusammenhängt. Nicht von ungefähr habe ich quer durch das Buch ausführlich geschildert, wie schwierig es sein kann, individuelle Veränderungen zu erkennen und mitzuteilen.

Die emotional/leidenschaftliche Liebe verlangt in mancher Hinsicht mehr von den Partnern als die freundschaftliche und partnerschaftliche Liebe. Die partnerschaftliche Verbindung wird aufrechterhalten, indem beide ihre Pflichten erfüllen und indem die Partner verlässlich und berechenbar sind. Die freundschaftliche Verbindung bleibt bestehen, solange sich die Partner Gutes tun und ihnen am Wohlbefinden des jeweils anderen liegt. Die emotional/leidenschaftliche Liebe aber fordert wesentlich mehr. Sie erfordert, die Beziehung upzudaten, den eigenen Veränderungen und denen des Partners auf der Spur zu bleiben, schwierige Lagen und Konflikte als Hinweise auf übersehene Veränderungen aufzugreifen und den Partner in der Bewältigung der Situationen

»neu« kennenzulernen. Anders ist der Eindruck, ganz geliebt zu sein, auf Dauer nicht aufrechtzuerhalten.

Ist das Thema emotional/leidenschaftliche Liebe damit erschöpfend beschrieben? Nicht ganz. Denn die neue Liebe, die durch und durch eine Liebe der Individuen ist, wird zukünftig zusätzlich an Bedeutung gewinnen, weil gegenwärtig noch mehr Individualität entsteht. Schlicht und einfach deshalb, weil sich die traditionellen Rollenzuweisungen der Geschlechter auflösen.

Noch mehr Individualität

Die Entwicklung hin zu mehr Individualität, die den Bedarf an der emotional/leidenschaftlichen Liebe überhaupt erst geschaffen hat, ist keineswegs abgeschlossen. Da sich gegenwärtig die geschlechtsspezifische Rollenfixierung rasant auflöst, naht das Ende von Mann und Frau, jedenfalls in einem sozialen und psychischen Sinn, und damit das Ende individueller Einschränkungen. In Zukunft wird den Partnern noch mehr Individualität zur Verfügung stehen. Diese Entwicklung führt jedoch nicht, wie von biologistisch orientierten Forschern oder konservativen Psychologen beschworen, zu einem Bedeutungsverlust der Liebe. Die Liebe ist keineswegs auf ein Rollenverhalten angewiesen. Ganz im Gegenteil. Die emotional/leidenschaftliche Liebe gewinnt mit der Rollenauflösung an Bedeutung.

Traditionell geht die Forschung in Biologie und Psychologie von einem naturgemäßen Unterschied zwischen den Geschlechtern aus. Bezogen auf die Fortpflanzungsfunktion ist dagegen wenig einzuwenden. Die Evolution hat sich vor Millionen Jahren entschieden, Chromosomen auf zwei Geschlechter zu verteilen, was den Vorteil größerer Genvariabilität mit sich bringt. Aufgrund ihrer körperlichen Verfassung weisen Männer und Frauen gewisse Unterschiede in der organischen und hormonellen Ausstattung auf. Allerdings lassen sich aus diesen biologischen Merkmalen keine erwähnenswerten sozialen und psychischen Unterschiede zwischen den Geschlechtern ableiten.

Die Wissenschaft hat lange Zeit versucht – und in Teilen tut sie das immer noch –, das Rollenverhalten biologisch zu zementieren. Zuerst hieß es, die Gene würden den Ausschlag geben. Nachdem sich diese These nicht bestätigen ließ, wird neuerdings behauptet, die Gehirne von Mann und Frau wären verschieden, und darüber hinaus würden Hormone das Verhalten steuern, sie würden Männer aggressiv und Frauen sozial stimmen. Bei all den Studien zu diesen Bereichen fällt eines ganz besonders auf: Je älter eine Untersuchung ist, desto mehr Unterschiede zwischen den Geschlechtern behauptet sie. Aufgrund neuerer Forschung werden die nachweisbaren Differenzen zwischen den Geschlechtern jedoch immer geringer; faktisch tendieren sie gegen null.

Schauen wir uns etwa die ebenso beliebte wie grundfalsche These an, Männer und Frauen seien genetisch auf unterschiedliches Sexualverhalten festgelegt. Männer, so heißt es da, müssten ihre Gene streuen, weshalb sie mit vielen Frauen Sex wollen. Frauen hingegen müssten sich die besten Gene heraussuchen, daher wären sie auf einen einzigen Sexualpartner fixiert. Zum Beweis wurden Primaten, hier Schimpansen, herangezogen. Bis eine gentechnische Untersuchung des Nachwuchses von Schimpansengruppen den Beleg erbrachte, dass die Weibchen an den Rändern der Gruppengebiete auf Samenpirsch gehen und sich vielfältig, sogar mit Männchen anderer Gruppen, paaren. Aus und vorbei war es dann mit der Theorie der von ihren Genen zur Treue verurteilten Weibchen.

Beim Menschen lässt sich die angebliche genetische Verurteilung zur männlichen Untreue beziehungsweise zur weiblichen Treue schon dadurch widerlegen, indem man die Verhaltensvielfalt betrachtet, zu der Menschen verschiedener Kulturen fähig sind. Auf diesem Planeten taucht in den unzähligen Ethnien buchstäblich jedes vorstellbare sexuelle Verhalten auf. Es gibt monogame Kulturen (lediglich 16 Prozent), polygame Kulturen (immerhin 84 Prozent), Polyandrie (Vielmännerei), Polygamie (Vielweiberei), erlaubte oder verbotene Homosexualität und so weiter und so fort. Würden die Gene das Sexualverhalten festlegen, wäre diese Vielfalt nicht möglich.

Die von der Natur zu Zurückhaltung, Passivität und eingeschränkter Lust verurteilte Frau, von der das Bundesverfassungsgericht noch 1957 behauptete: »Schon die körperliche Bildung der Geschlechtsorgane weist für den Mann eine mehr drängende und fordernde, für die Frau mehr hinnehmende und zur Hingabe bereite Funktion auf«, existiert nur in den Köpfen konservativer Forscher. Frauen sind sexuell genauso aktiv und fordernd wie Männer – wenn sie gelassen werden. So gelten Frauen in manchen Kulturen sogar als die sexuell aktiveren Wesen. Das belegen unter anderem die folgenden Ausführungen des Ethnologen Hans Peter Duerr:

> *Die Mädchen und Frauen der Kaulong auf Neubritannien (zu Papua-Neuguinea) beispielsweise galten in sexueller Hinsicht als äußerst aggressiv und draufgängerisch, und diese Eigenschaften wurden bereits in der frühen Kindheit erzieherisch unterstützt, während man die Buben anhielt, sich gegen die Mädchen nicht zu wehren, sondern zu fliehen. In fortgeschrittenem Alter boten die jungen Mädchen den Männern Tabak oder gekochte Nahrung für ihre Liebesdienste, und zeigten sie sich unwillig, griffen die Mädchen häufig zu Gerten oder Stöcken und schlugen auf die jungen Männer ein oder bedrohten sie mit dem Messer, wobei sich diese nur mit Worten zur Wehr setzen durften.*[10]

Diese und unzählige andere der vielfältigen Verhaltensmöglichkeiten (ich habe sie an anderer Stelle ausführlicher beschrieben[11]) kommen wohlgemerkt *bei gleicher genetischer Ausstattung* der beteiligten Menschen vor. Wie soll das möglich sein? Woher nehmen die Frauen der Kaulong und wie ich noch zeigen werde, auch moderne Frauen ihre ungezügelte Lust, wenn ihnen doch dafür die männlichen Gene fehlen? Und:

> *Warum – falls das Naturgesetz vom treuen Kuschelheimchen ohne große Libido tatsächlich Gültigkeit hätte – versuchen dann Männer auf der ganzen Welt Frauen mit eingeschnürten Füßen (China), verschleierten Gesichtern und Körpern (islamische Kulturen) und abgetrennter Klitoris (in einigen Religionen Afrikas und in den USA als »Berichtigung« an Säuglingen mit größerer Klitoris) vom Fremdgehen abzuhalten?*[12]

An den Genen können Unterschiede im Sexualverhalten von Männern und Frauen jedenfalls nicht festgemacht werden, das steht fest.

Wie sieht es dann mit den Gehirnen aus? Übertragen sich Verhaltensweisen und Fähigkeiten etwa via Gehirnstruktur auf die nächste Generation? Haben Männer und Frauen unterschiedliche Gehirnhälften? Ist die Verbindung zwischen den Hirnhälften bei Frauen dicker als bei Männern? Bezüglich der angeblich »wissenschaftlich bewiesenen« und 1982 von einem Forscherteam aufgestellten Behauptung, Frauen verfügten aufgrund eines dickeren Corpus callosum (Gehirnbalken) über einen besseren Datentransfer zwischen den Hirnhälften und seien daher sozialer veranlagt, sagt die amerikanische Neurologin Eileen Lueders, dass die betreffende Studie schon kurz nach ihrem Erscheinen in der Fachwelt angezweifelt wurde, auch deshalb, weil von ursprünglich achtundzwanzig analysierten Gehirnen nur vierzehn im Endergebnis berücksichtigt wurden.[13] So viel zur Objektivität von mancher Wissenschaft. Zahllose andere Untersuchungen haben demgegenüber keine Unterschiede in der besagten Verbindung zwischen rechter und linker Hirnhälfte nachgewiesen. Das Thema ist also auch vom Tisch.

Ist das Gehirn von Jungen und Mädchen dann wenigstens strukturell vorprogrammiert? Bestehen womöglich schon Regionen mit vorgefertigten synaptischen Verknüpfungen? Wohl kaum. Das Gehirn ist zum Zeitpunkt der Geburt nur zu 25 Prozent entwickelt und verfügt über keine Software und keinen Datenspeicher. Nichts lässt sich auf dem Weg der Zeugung von einem Gehirn auf ein anderes Gehirn übertragen. Die gesamte Art der Wahrnehmung, des Sehens, Hörens, Fühlens und Denkens und die damit verbundene Gehirnstruktur müssen vielmehr in jedem einzelnen Gehirn in einem langen sozialen Lernprozess etabliert werden.

Die Biologie und Neurologie liefert also keine Hinweise auf einen irgendwie bedeutsamen Unterschied der Geschlechter; außer den Geschlechtsmerkmalen hat sie nichts zu bieten. Aber selbstverständlich lassen sich weitverbreitete *Verhaltens*unterschiede bei Männern und Frauen beobachten. Ein geschlechtsspezifisches Rollenverhalten gibt es zweifellos. Nur steht ebenso fest: Männer und Frauen kommen nicht auf die Welt, sie werden »gemacht«. Dieser Vorgang wird als »gendern« bezeichnet. Damit ist gemeint, dass den Geschlechtern von der sozialen Umgebung ein bestimmtes Verhalten zugeschrieben wird, das sie sich schließlich auch selbst zuschreiben. Männer werden mit einer männlichen, Frauen mit einer weiblichen Identität ausgestattet – und identifizieren sich damit.

Diese Identitäten entstehen auf die gleiche Weise, wie jede individuelle Identität entsteht. Sie wird den Betreffenden »eingeredet«. Man sagt den einen, dass sie Männer sind, und den anderen, dass sie Frauen sind. Und man bringt ihnen bei, sich als solche zu empfinden und zu verhalten. Diese geschlechtlichen Zuweisungen nehmen ihren Anfang in den ersten Sekunden des Lebens, im Augenblick der Geburt. Kein Baby kommt auf die Welt mit dem Bewusstsein, männlich oder weiblich zu sein. Sein Geschlecht erfährt es von der Umgebung, von der es im ersten Moment schon mit der Aussage »Es ist ein Junge/es ist ein Mädchen« empfangen wird. Von da an setzen sich die geschlechtlichen Festlegungen vom Säuglingsalter bis ins Erwachsenenleben hinein fort.

Johanna Forster, Pädagogikprofessorin, beschreibt anhand von Untersuchungen, wie konkret solche sozialen Zuschreibungen sind:

> *Obwohl sich männliche und weibliche Säuglinge hinsichtlich objektiver Parameter wie Größe und z.B. Gesichtsformen nicht unterscheiden lassen, bezeichneten die Eltern ihre Söhne als robuste und kräftige, lebhafte und pausbäckige Babys, ihre Töchter hingegen als »klein«, »zierlich«, »sanft« und »zart«. Vergleichbare Zuschreibungen gaben Männer und Frauen zu Neugeborenen, über deren vermeintliches Geschlecht sie vorher informiert wurden. In einer weiteren Studie von Condry und Condry (1976) betrachteten Frauen und Männer die Videoaufnahme eines offenbar erregten Kindes. Beide Geschlechter neigten dazu, die Erregung als Wut zu bezeichnen, wenn ihnen das Kind als Junge vorgestellt wurde, während sie bei einem mutmaßlichen Mädchen Angst zu erkennen meinten. Das Verhalten der Kinder wurde also geschlechtszugehörig dechiffriert.*[14]

Dass solche Zuschreibungen und die entsprechenden Beurteilungen lebenslang gelten, hat die amerikanische Wissenschaftlerin

Barbara Barres am eigenen Leib erlebt, als sie am Massachusetts Institute of Technology studierte. Dort geschah ihr Folgendes: »Ich war die einzige Person in einer großen Klasse von fast nur Männern, die ein schwieriges mathematisches Problem lösen konnte – nur um mir dann vom Professor sagen zu lassen, dass mein Freund es für mich gelöst haben müsse.« Barbara Barres heißt heute Ben mit Vornamen, sie hat sich einer Geschlechtsumwandlung unterzogen und ist inzwischen Neurobiologe an der kalifornischen Stanford University. Kurz nach seiner Geschlechtsumwandlung hörte Ben ein Fakultätsmitglied sagen, Ben Barres mache seinen Job wirklich »besser als seine Schwester«.[15]

Solche extrem beharrlichen Zuschreibungen unterschiedlicher Eigenschaften haben eine lange Geschichte. Was man beobachtet, hält man für natürlich. Auch in der Tierwelt, bei unseren nächsten Verwandten, den Bonobos und den Schimpansen, lässt sich unterschiedliches Verhalten bei den Geschlechtern identifizieren. Beide Arten sind Fleischfresser, allerdings ist die soziale Struktur ihrer Horden unterschiedlich. Bonobos sind matriarchalisch organisiert, der Gruppe steht eine Äffin vor. Zur Lösung von Konflikten in der Horde wird Sex eingesetzt; Kampf spielt bei den Bonobos kaum eine Rolle. Bei Schimpansen verhält es sich ganz anders. Sie sind patriarchalisch organisiert, hier stehen Männchen der Gruppe vor, und interne Konflikte werden meist gewaltsam gelöst.

Bonobos sind friedlich und auf sozialen Ausgleich geprägt, Schimpansen sind aggressiv und auf Kampf hin orientiert. Der Grund für die unterschiedliche soziale Struktur und die unterschiedlichen Konfliktlösungsstrategien ist allerdings nicht in Genen und Gehirnen zu finden, sondern in der Umwelt und den Lebensbedingungen. Die beiden Menschenaffenarten sind seit Urzeiten durch den für sie unüberwindlich breiten Fluss Kongo getrennt. Bonobos haben das Glück, auf ihrer Seite ausreichend Raum und Fressen zu finden, sie müssen nicht mit anderen Gruppen konkurrieren. Die Schimpansen auf der anderen Seite des Kongo hingegen müssen sich gegen eine Vielzahl anderer Horden behaupten, sie müssen um Raum und Fressen kämpfen. Weil die Lebensbedingungen der Schimpansen aggressives Verhalten fordern, erhalten die Männchen innerhalb der Horden mehr Einfluss und Macht. Da sie aufgrund ihrer körperlichen Eigenschaften die Aufgabe des Kämpfens besser wahrnehmen können, lernen sie sich auch innerhalb der Horden auf diese Weise durchzusetzen.

Eine ähnliche Entwicklung ist beim Menschen festzustellen. Auch hier spielten die unterschiedlichen körperlichen Eigenschaften von Männern und Frauen anfangs keine Rolle. Solange die sozialen Gruppen klein waren oder umherzogen, waren sie meist matrilinear organisiert, das heißt, die Kinder gehörten zur mütterlichen Sippe. In diesen Urzeiten kam es kaum zu Scharmützeln zwischen unterschiedlichen Verbänden, es war genug Platz für alle da. Erst als die Menschen allmählich sesshaft wurden, gewannen die Männer in den Gruppen an Macht gegenüber den Frauen. Denn die Männer waren für die Regelung der Außenbeziehung zuständig, sie führten Krieg oder schlossen Frieden. Ihre körperliche Verfassung verschaffte ihnen diesen Vorteil. Aufgrund dieser Position gelang es ihnen, mehr Verfügung über Eigentum zu bekommen. Je mehr Macht sie durch Handel und Eroberung gewannen, desto wichtiger wurde es für Männer, ihr Eigentum in der eigenen Blutlinie zu vererben. Die Kinder wurden daher dem Mann zugeordnet, und damit entstand die Familie.[16]

Das bedeutet, wie vorne schon angedeutet, dass die Aufgabe der Ernährung und Versorgung allmählich von der mütterlichen

Sippe auf die vom Mann gegründete Familie überging. Die Paarbeziehung wurde zur Versorgungsgemeinschaft mit einer entsprechenden Rollenteilung. Dabei waren Männer für den Außenbereich und Frauen für den Innenbereich zuständig. Männer und Frauen entwickelten zweckmäßigerweise im Laufe der Zeit unterschiedliche Fähigkeiten.

In dieser Rollenteilung liegt die Ursache für ein unterschiedliches Verhalten der Geschlechter und für eine unterschiedliche Selbsteinschätzung. Seither gelten Männer als hart, gewalttätig, zielstrebig, aufgabenorientiert und Frauen als weich, vermittelnd und sozial orientiert. Doch dass sich Männer und Frauen aufgrund sozialer Erwartungen so verhalten, bedeutet nicht, dass sie »von Natur aus« so sind. Hier muss man zwei Dinge unterscheiden, nämlich Rolle und Wesen. Es wird zwar kaum Männer und Frauen geben, die völlig frei von einem Rollenverhalten sind, aber grundsätzlich sind sie wesensmäßig zu jedem Verhalten fähig, zu dem das andere Geschlecht fähig ist.

Das belegt unter anderem ein großer wissenschaftlicher Vergleich von sechsundvierzig Metaanalysen der letzten zwanzig Jahre zu kognitiven Fähigkeiten, Kommunikation, Selbstbewusstsein, Aggressionsbereitschaft, Führungsstil, Moral und motorische Fähigkeiten der Geschlechter. In sämtlichen Studien finden sich in fast allen Punkten nur minimale Unterschiede.[17] Unabhängig davon hat sich längst gezeigt, dass die Unterschiede *innerhalb* der Geschlechter größer sind als die Unterschiede *zwischen* den Geschlechtern. Kurz gesagt: Es gibt Frauen, die härter sind als die meisten Männer, und es gibt Männer, die weicher sind als die meisten Frauen. Wer da noch von Genen oder Gehirnstrukturen spricht, träumt.

Töten Frauen sanfter?

Auch Frauen können gewalttätig sein. Das war schon immer so. Aus Grabfunden schlossen Wissenschaftler, dass Maja-Königinnen so brutal waren wie Maja-Könige. Und von Skelettfunden aus früher germanischer Zeit weiß man, dass Frauen und Kinder ebenso an kriegerischen Auseinandersetzungen beteiligt waren wie Männer. Heute kämpfen die Frauen der Peschmerga in eigenen Bataillonen gegen den Terror des Islamischen Staats. In Russland bilden sich reaktionäre Gruppen, in denen Hatz auf Schwule und Lesben gemacht wird. Dazu werden diese unter dem Vorwand sexueller Angebote in Wohnungen gelockt und dort misshandelt. Frauen zeigen dabei das gleiche Vergnügen am Quälen der Homosexuellen wie die männlichen Mitglieder dieser Banden. Und immerhin 15 Prozent des sexuellen Missbrauchs an Kindern werden von Frauen begangen, meist den Müttern der betroffenen Kinder.

Wer trotz allem glaubt, Gewalt und töten sei allein männlich, sollte Bekanntschaft machen mit der achtundzwanzigjährigen Tschechin Michaela Fialová. Diese Frau jagt jagt und tötet mit Begeisterung Löwen, Zebras, Affen, Giraffen und Wasserbüffel. Sie bezeichnet sich selbst als »Jägerin«. Ihr steht die Amerikanerin Melissa Bachman in nichts nach, sie moderiert im US-TV eine Jagdsendung mit dem Titel *Winchester Deadly Passion* (»Tödliche Leidenschaft«). Sie schießt auf Löwen und Bären, mit dem Gewehr, und liebend gern auch mit Pfeil und Bogen.

Im US-Militärgefängnis Abu Ghuraib haben Soldatinnen bewiesen, dass sie auch foltern können. Foltern sie »weiblich«? Ist es angenehmer, von Frauen gefoltert zu werden? Von deutschen Soldatinnen hört man Sätze wie: »Ich liebe meinen Beruf.« Worin besteht der geliebte Beruf? Darin, das Handwerk des Tötens zu lernen. Auch Diana Wade, Kandidatin für den Generalstab der

Bundeswehr, trifft Aussagen, die man sonst nur Männern zutraut. »Schmuck oder Plastikfingernägel haben im Dienst nichts zu suchen. Sie beeinträchtigen zum Beispiel die Funktionsfähigkeit an der Waffe. Der Fokus muss auf den soldatischen Fähigkeiten liegen.«[18] Und worin liegen die soldatischen Fähigkeiten? Im Kämpfen und Töten, mittels Waffen, Granaten oder Drohnen.

Was stimmt mit diesen Frauen nicht? Leiden sie an Gendefekten? Sind ihre Hirnstrukturen durcheinandergeraten? Leiden sie an einer Testosteron-Überproduktion? Wohl kaum, sie haben lediglich das Rollenverhalten hinter sich gelassen.

Etwas näher am traditionellen Rollenverhalten bezüglich ihrer Selbstbeschreibung zeigen sich Frauen hinsichtlich ihrer Sexualität. Der *New-York-Times*-Journalist Daniel Bergner berichtet in seinem aufschlussreichen Buch *Die versteckte Lust der Frauen* von überaus interessanten neuen Forschungen. In einer Untersuchung führte beispielsweise die US-Forscherin Meredith Chivers einen Sensor in die Vagina von Frauen ein, um die Feuchte der Scheide als Indikator für deren sexuelle Erregung zu messen. Dann schauten sich die Frauen kleine Videos an, die Sex in allen Spielarten zeigten. Männer mit Männern, Frauen mit Frauen, Männer mit Frauen, Affen mit Affen, Gruppensex und Gewaltszenen. Im Unterschied zu heterosexuellen Männern, die, wie vergleichende Studien der Psychologin ergaben, vor allem durch heterosexuelle Pornos erregt wurden, zeigten sich die Frauen von jeglicher Sexszene erregt. Allerdings: Wurden sie befragt, gaben sie an, nur von heterosexuellem Sex erregt zu sein. Die Frauen verbargen ihr starkes Begehren nicht nur vor anderen, sondern leugneten es auch vor sich selbst. So effektiv kann Rollenzuschreibung funktionieren.

Doch wer sich umschaut, stellt fest: Das Ende starrer Rollenzuweisungen ist gekommen. Auch Männer sind in der Lage, ihre

Rolle zu verlassen und sich »wie Frauen« zu verhalten. Sie können sich beispielsweise extrem sozial verhalten, woran sie auch vom »Aggressions-Hormon« Testosteron nicht gehindert werden. Die Neurowissenschaftlerin Esther Diekhof von der Universität Hamburg hat dazu geforscht: »Wir haben Hinweise darauf, dass Testosteron altruistisches, also uneigennütziges Verhalten fördert.« Ihre Studien ergeben auch keine Unterschiede hinsichtlich der Empathiefähigkeit zwischen den Geschlechtern. »Unser Kandidat mit dem größten Empathie-Wert war übrigens ein Mann.«[19]

Mir ist in diesem Zusammenhang ein besonders eindrücklicher Fall für männliche Verhaltensänderungen bekannt. Ein junges Paar, das getrennt wohnte, hatte gerade ein Kind in die Welt gesetzt. Der Mann kümmerte sich in der Folge kaum um das Kind, wie das für viele Männer typisch ist. Eines Tages erhielt er einen Anruf von seiner Freundin. Sie erklärte ihm, sein Kind stünde vor seiner Wohnungstür. Als er die Tür öffnete, fand er das kleine Mädchen im Kinderwagen. Von der Mutter hat er seither nichts mehr gehört. Aus ihm wurde innerhalb kurzer Zeit, wie Bekannte berichten, ein »rührender und fürsorglicher« Vater, der die Mutterrolle perfekt übernahm. Die beiden hatten, inszeniert durch die Frau, sozusagen einen kompletten Rollentausch vollzogen. Sie hat das Kind verlassen, was sonst meist Väter tun, und er hat die Mutterrolle übernommen, was sonst meist Frauen tun.

Wie weit die Auflösung traditioneller Geschlechtszuweisungen schon in der Bevölkerung vorangeschritten ist, das zeigt auch eindrucksvoll der Sieg von Conchita Wurst beim Eurovision Song Contest 2014. Dort siegte, von Millionen Europäern gewählt und gefeiert, eine Frau, die sich zugleich als Mann, oder ein Mann, der sich zugleich als Frau begreift und darstellt.

Das Ende der Liebe?

Die Rollen weichen auf. Jedes Jahr nehmen mehr und mehr Männer Erziehungsauszeit, kämpfen um das Sorgerecht für ihre Kinder oder werden zu alleinerziehenden Vätern, während Frauen sich zunehmend auf ihre Karriere konzentrieren. Doch was bedeutet das Ende geschlechtsspezifischen Verhaltens für die Paarliebe? Vielleicht das »Ende der Liebe«? Das zumindest wird von traditionell orientierten Psychologen heraufbeschworen.

Eine verbreitete psychologische Erklärung der Paarliebe wird in dem schon erwähnten Mythos von den Kugelmenschen gesucht. Danach waren die Menschen ursprünglich Zwitter, rund wie Kugeln und ungeheuer stark. Selbst die Götter fürchteten ihre Macht. Um sie zu schwächen, halbierten sie die zwittrigen Kugelmenschen und nötigten sie dadurch, ihre Kraft in das Bemühen umzuformen, sich wieder mit der anderen Hälfte zur ursprünglichen Einheit zu vereinigen. Platons Erzählung wird allgemein so verstanden, dass Mann und Frau erst in der Vereinigung wieder vollständige Wesen werden. Demnach wären Mann und Frau tatsächlich unterschiedlich. In einer psychologischen Begründung hört sich das so an:

> *Damit eine Partnerschaft ausgeglichen und »rund« ist, muss einer der beiden die eher »männlichen« Eigenschaften verkörpern (d.h. Eigenschaften wie logisch, bestimmt, dominant, die wir der linken Hirnhälfte zuordnen) und der andere die eher »weiblichen« (also Eigenschaften wie intuitiv, rezeptiv, die der rechten Hirnhälfte zugeteilt werden). Männer neigen dazu, die »männliche« Rolle einzunehmen, Frauen hingegen die*

»weibliche«. Somit ist es Männern meist am wichtigsten, »respektiert« zu werden, während Frauen »geliebt und beschützt« werden wollen.[20]

Der Soziologe Günter Burkart weist allerdings auf einen Denkfehler im Modell hin:

Doch die Sache mit den zwei Hälften – als zwei Geschlechtern – ist nicht ganz so einfach: Im Kontext der griechischen Antike ist die Liebe, von der hier die Rede ist, nicht für die Ehe gedacht, sondern beschreibt in erster Linie die Liebe von Männern zu Knaben.[21]

Wenn die Geschlechterdifferenz für die Paarliebe unverzichtbar wäre, wie könnten sich dann Schwule und Lesben lieben? Nein, Paarliebe ist keinesfalls auf die Heterogenität der Geschlechter und auf ein starres Rollenverhalten angewiesen.

Wie schwer sich Rollen mittlerweile definieren lassen, zeigt sich auch bei solchen Initiativen, die alte Rollenzuschreibungen in die heutige Zeit hinüberretten wollen, indem sie versuchen die Frage zu beantworten: «Was ist ein Mann?« So, als ob das noch irgendwie wichtig wäre.

Nun gut, was ist denn ein Mann? Keiner weiß es mehr. An einer modernen Definition des Mannseins beißen sich selbst solche Männer die Zähne aus, die Männerseminare anbieten. Wie der österreichische Coach Robert Pap. In seinen »Wake-Up-Man«-Gruppen sollen von der Rollenauflösung verunsicherte Männer zu ihrer Männlichkeit finden. Der Coach versucht sich an einer Beschreibung: »Es geht nur um Authentizität. Darum, sich selbst kennenzulernen. Darum, eine Antwort auf die Frage zu finden, wofür man steht. Und was man will. Es geht darum, aufzuwachen, das Männliche in sich zu entdecken und zu sich zu stehen. Dann ist man ein Mann.«[22]

Aha, das ist wirklich aufschlussreich. Wenn Mannsein Authentizität bedeutet, bedeutet dann Frauensein, nicht authentisch zu sein? Oder ist eine authentische Frau ebenfalls ein Mann? Was ist dann ein Mann, der das Weibliche in sich entdeckt? Eine Frau?

Die gleiche Begriffsverwirrung aufgrund von Rollenerosion zeigt sich in der Verlagswelt. Im Männerheft *Manual* von G+J beispielsweise. In einer Pressemitteilung erklärt der Verlag: »Untergliedert ist das Heft in drei Ressorts: At Home, For Work und To Remember. Dabei handelt es sich um Handlungsfelder und Themenbereiche, in denen männlich sein bedeutet, Stil zu haben, das Besondere zu suchen und seinen eigenen Weg zu gehen – egal wo und wobei.« Dümmer geht es kaum. Weiblich sein kann doch nichts anderes bedeuten! Oder haben Frauen keinen Stil, geben sich mit dem Gewöhnlichen zufrieden und gehen ausgetretene Pfade?

Es wird klar: Die Kategorien »Mann« und »Frau« machen sozial gesehen keinen großen Sinn mehr. Wenn die Differenzen innerhalb der Geschlechter größer sind als zwischen ihnen, dann gibt es keine charakteristischen Merkmale, die für das eine Geschlecht zutreffen und für das andere nicht. Dann gibt es nichts »Männliches« oder »Weibliches«. Dann gibt es harte und weiche Männer, harte und weiche Frauen, und nicht nur das. Eigenschaften wie »hart« oder »weich« kommen je nach Situation und Befindlichkeit unterschiedlich zur Anwendung. Jeder ist mal hart oder mal weich, so wie die Situation oder die Lebensphase es gerade erfordert.

Auch in Unternehmen macht es wenig Sinn, männliches und weibliches Verhalten zu unterscheiden. Kann man einen Auftrag, beispielsweise eine mathematische Herausforderung, eine Operation, eine Autoreparatur, eine wissenschaftliche Studie oder die Aufgabe der Unternehmensführung »als Frau« oder »als Mann« in Angriff nehmen? Oder einfach aufgrund bestimmter Fähigkeiten? Das Gerede vom weiblichen Führungsstil, der durch mehr Frauen in den Chefetagen zur Anwendung kommen soll, täuscht auch nur darüber hinweg, dass es ebenso effektiv wäre, die Alphatiere in Vorstandsetagen und Geschäftsführungen durch ausgeglichene Männer zu ersetzen. Bei Frauen sind weibliche Führungskräfte übrigens allgemein nicht beliebt, da sie oft zu hart auftreten, um ihre vermeintlichen Nachteile zu kompensieren.

Individualität in Vollendung

Dass die Kategorien »Mann« und »Frau« überflüssig werden, begreift allmählich selbst die Rechtsprechung – und gibt dieser Tendenz nach. Beispielsweise hat sich die australische Regierung seit 2013 für Reisepässe in drei Kategorien entschieden: »männlich«, »weiblich« und »unbestimmt«. Das neue System ermöglicht es den Menschen darüber hinaus, ihre geschlechtliche Identität unabhängig von ihrem Geburtsgeschlecht selbst zu wählen. Nicht die anderen, sondern ich selbst bestimme, ob ich mich als Mann oder Frau oder als keines von beidem empfinde. Andere gesetzliche Bestimmungen bemühen sich hierzulande um gleiche Bezahlung oder stellen sich der noch vorhandenen Diskriminierung von Frauen, beispielsweise bei der Jobvergabe, in den Weg.

Die Auflösung der Rollenfestlegung ist zwangsläufig. Sie wurde im Rahmen der patriarchalischen Sozialordnung und der daraus folgenden Ehe zementiert. Mittlerweile ist die Ehe von der Versorgungsaufgabe, für die sie einst gegründet wurde, befreit. Der Staat kümmert sich jetzt um die Altersversorgung, die Kranken- und Pflegeversorgung. Es gibt auch keine Arbeit mehr, für die Männer aufgrund ihrer körperlichen Kräfte besser geeignet oder nötig wären. Es gibt nichts mehr, wozu man speziell Männer oder Frauen braucht, nicht zur Kriegsführung und nicht zur Kinderbetreuung. Insofern ist die Rollenfestlegung längst zu einem Hemmschuh sozialer Entwicklung geworden. Frauen werden in allen Bereichen benötigt, mittlerweile auch in den technischen Berufen, und Männer werden aufgefordert, in Kindergärten und Vorschulen zu arbeiten.

Es kommt nicht mehr auf Rollen an, sondern allein auf Individuen. Letztlich hat die Entwicklung hin zur Individualität für das Ende der Rollenteilung gesorgt. In diesem geschichtlichen Prozess haben sich zuerst die Männer individualisiert. Die Aufgabe der Frauenbewegung bestand (und besteht teilweise noch) darin, die Individualisierung der Frauen nachzuvollziehen und für gleiche Rechte zu sorgen. Die Unterdrückung von Frauen ist nicht länger aufrechtzuerhalten. Da sie aus der Aufgabenteilung entstanden ist, erübrigt sie sich zwangsläufig mit dem Ende dieser.

Für die Paarliebe gilt aufgrund der Rollenerosion heute, dass ein Mann keine Frau mehr braucht, um mit weiblichen Eigenschaften in Kontakt zu kommen, und eine Frau keinen Mann mehr braucht, um mit männlichen Eigenschaften in Kontakt zu kommen. Jeder kann diese Kräfte und Fähigkeiten in sich finden und sie nach Wunsch oder Notwendigkeit entfalten. Die Trennlinie verläuft nicht mehr zwischen Männern und Frauen, sondern zwischen Individuen.

Dass es sozial gesehen Männer und Frauen kaum noch gibt, wird von vielen beklagt. Was dabei wirklich beklagt wird, ist nicht der Verlust der Rollen, sondern die zunehmende Komplexität der sozialen Verhältnisse und die damit verbundene individuelle Problemlage, die »Last« der individuellen Freiheit und der Selbstverantwortung. Aufgrund der mit der Rollenerosion einhergehenden Verunsicherung wird Mannsein und Frausein leicht idealisiert, so als wäre nie auch großes Leid mit der jeweiligen Einschränkung verbunden gewesen. Doch Männer und Frauen haben zu allen Zeiten unter der ihnen auferlegten Bürde und dem Verzicht auf die Hälfte ihrer Fähigkeiten gelitten. Heute befreien sie sich aus dem Korsett der Rollenfixierung.

Dass sich die Rollenfestlegung auflöst, bedeutet allerdings nicht, dass es keine Rollen mehr geben könnte. Doch diese sind nicht starr und vorbestimmt, sondern können flexibel und individuell gehandhabt werden. *Er* kann Ernährer der Familie sein, *sie* kann Ernährerin sein – je nach Lage der Dinge und worauf sich die Partner einigen. Männer und Frauen können in Rollen hineingehen und aus ihnen heraustreten. Im Laufe eines Lebens ergeben sich daraus unzählige Seins-Möglichkeiten.

Dass es sich hierbei nicht nur um theoretische Möglichkeiten handelt, zeigt das Beispiel eines Paares, das kürzlich in einer Talkshow zu sehen war. Anfangs handelte es sich um ein ganz gewöhnliches Paar, in dem eine Frau einen Mann liebt. Dieser Mann erweist sich im Laufe der Beziehung als transsexuell und ändert schließlich sein Geschlecht. Nun ist die Frau mit einer Frau zusammen, was sie mit den Worten erläutert, sie liebe schließlich die Person, egal ob die sich nun als Mann oder als Frau empfinde.

Die Auflösung der Geschlechterrollen führt keineswegs zu Gleichmacherei und zum Verlust der Spannung, die die Liebe braucht. Ganz im Gegenteil. Sie führt zu einer Erweiterung, zu einer Vervielfältigung individueller Möglichkeiten, zu mehr Freiheit und damit zur Bereicherung der Paarliebe. Schließlich lebt die emotional/leidenschaftliche Liebe von Unterschieden, und das Aufgeben pauschaler Festlegungen beschert auf der Paarebene wesentlich mehr individuelle Differenzen und damit mehr Kombinationsmöglichkeiten individueller Eigenschaften, als das je der Fall war.

Die traditionelle Rollenfestlegung ergibt genau eine Kombinationsmöglichkeit:

Harter Mann – Weiche Frau

Die Rollenauflösung ergibt einen quadratischen Zuwachs an Kombinationen, nämlich vier:

Harter Mann – Weiche Frau
Harter Mann – Harte Frau
Weicher Mann – Weiche Frau
Weicher Mann – Harte Frau

Jede dieser nun möglichen Verhaltensfacetten wird zum Gegenstand von Offenbarung und Bestätigung. Damit vergrößern sich die Chancen der emotional/leidenschaftlichen Liebe, aber – und das ist unvermeidlich – auch ihre Risiken.

Lassen Sie mich zum Schluss zu diesen Risiken kommen, damit nicht der Eindruck entsteht, die emotional/leidenschaftliche Liebe sei, anders als eine partnerschaftliche oder freundschaftliche Verbundenheit, quasi mit einer Liebesgarantie ausgestattet.

Chancen und Risiken der neuen Liebe

Halten wir zuerst noch einmal die Chancen der emotional/leidenschaftlichen Liebe fest: Individuen sind aufgrund ihrer Vereinzelung und hinsichtlich innerster Belange heute mehr denn je auf Liebe angewiesen. Diesem Bedürfnis kommen sie in emotional/leidenschaftlichen Begegnungen nach. In solchen Begegnungen »outet« sich jeder Partner als das einzigartige Individuum, als das er in der Beziehung unterkommen will – und findet im besten Fall die gesuchte Bestätigung, das Gefühl, vorbehaltlos angenommen zu sein.

Die emotional/leidenschaftliche Liebe braucht, um ihren Zweck zu erfüllen, zweierlei: Sie braucht Offenbarung und Zuwendung. Sich dem Partner zu offenbaren, bringt die Chance, von ihm angenommen zu werden. Doch wie verhält es sich mit der zweiten Liebesbedingung, dem Zuwenden? Führt eine Offenbarung automatisch zu einer bestätigenden Zuwendung? Nein, keineswegs, denn ein irgendwie gearteter Automatismus ist in der emotional/leidenschaftlichen Liebe nicht vorgesehen. Eine Offenbarung kann ebenso zu einer Ablehnung führen.

Wenn Offenbarung auf der einer Seite und Ablehnung auf der anderen gleich beim Kennenlernen aufeinandertreffen, kommt es nicht zu einer Beziehung. Anders verhält sich das bei existierenden Partnerschaften, in denen bereits gegenseitige Offenbarung und Bestätigung stattgefunden hat. Hier besteht die Gefahr, dass ein individuelles Verlangen oder eine individuelle Veränderung vom anderen Partner nicht angenommen, sondern abgelehnt wird. Das kann natürlich geschehen, denn eine Garantie auf Bestätigung liefert die emotional/leidenschaftliche Liebe nicht.

Die Formel der leidenschaftlichen Liebe

Für emotional/leidenschaftliches Erleben braucht es drei Voraussetzungen. Erstens braucht es Abstand zwischen den Individuen (nur Getrennte können lieben), zweitens braucht es das Verlangen, diesen Abstand zu überwinden (die Nähe begehren), und drittens braucht es die Gefahr, zu scheitern (keine Garantie auf Bestätigung).

Man kann diesen Zusammenhang als Formel beschreiben, die lautet: A + V + G = LL. Abstand + Verlangen + Gefahr = leidenschaftlich Liebe. Die drei genannten Voraussetzungen werden allesamt von der Individualität zur Verfügung gestellt. Nimmt man eine davon weg, ist emotional/leidenschaftliche Liebe kaum möglich:

1. Abstand. Er ist per se aufgrund der Verschiedenheit der Einzelnen vorhanden. Es gibt ihn in zwei Arten, als körperlichen und als psychischen Abstand. Wer sich in sexuellem oder erotischem Verlangen dem Partner nähert, will den räumlich-körperlichen Abstand überwinden, will sinnliche Nähe herstellen und sich in der erotischen Begegnung vergessen. Das Vorhaben ist nicht ungefährlich, der Begehrende könnte vom Partner abgewiesen werden. Das geschieht, indem der Partner das Verlangen nicht erwidert, indem er sich nicht auf die körperliche Nähe einlässt, indem er sich der körperlichen Begegnung entzieht oder diese verweigert.

Neben dem körperlichen gibt es den psychischen Abstand zwischen den Partnern, der aus den Unterschieden ihrer Bedürfnisse, Ängste, Sehnsüchte, Träume, Hoffnungen und Verhaltensweisen besteht. Wer sich dem Partner im Verlangen nach emotionaler Nähe nähert, will diesen psychischen Abstand überwinden, um zu einer Begegnung zu kommen, einem intimen Treffen auf emotionaler Ebene. Auch mit diesem Begehren riskiert er, zurückgewiesen zu werden, etwa, indem der Partner für die Gefühle, Zustände, Pläne und Bedürfnisse nicht offen ist und nicht erwartungsgemäß bestätigend auf sie eingeht.

2. Verlangen. Je weiter der Abstand zwischen den Individuen ist, desto mehr wächst das Verlangen und desto mehr Verlangen wird gebraucht, um die Distanz zu überbrücken. Sein Verlangen zu zeigen, ist in jedem Fall eine Selbstoffenbarung, mit der man sich der Reaktion des Partners ausliefert, ganz gleich, ob es sich um ein körperliches oder ein emotionales Verlangen handelt. Indem man sein Verlangen zeigt, macht man sich verletzlich, »nackt«. Man kann vom Partner jederzeit in die Distanz zurückgestoßen werden.

3. Gefahr. Sie besteht darin, auf sich selbst zurückgeworfen zu werden. Die Formulierung »auf sich selbst geworfen« beschreibt den Vorgang der Ablehnung sehr gut und nachvollziehbar. Man steht in dem Fall mit sich allein da, allein mit dem, womit man sich in dieser Weise nur an einen Liebespartner wenden kann. Die Möglichkeit der Abweisung ist in der emotional/leidenschaftlichen Liebe allgegenwärtig, und wer seinem Verlangen nachgeht, begibt sich in Gefahr.

Das bedeutet, dass eine emotional/leidenschaftliche Begegnung nicht gefahrenfrei zu haben ist, die Gefahr wird sogar zur

Bedingung von Lebendigkeit und Intensität. Denn je größer die Abweisungsgefahr ist, desto intensiver wird eine Begegnung erlebt, wenn sie zustande kommt.

Man könnte nun meinen, der individuelle Abstand und das Verlangen, ihn zu überwinden, würden für die emotional/leidenschaftliche Liebe ausreichen, aber auf die Gefahr kann nicht verzichtet werden. Erst die Möglichkeit der Ablehnung gerät zum Beweis dafür, dass die Liebe »für mich« und »um meiner selbst willen« gemeint ist, und dass sie freiwillig und gern gegeben wird. Sonst hieße es: »Du bist ja nur mit mir zusammen, weil du Angst hast, allein zu sein ... weil die Kinder da sind ... weil sonst finanzielle Einbußen drohen.« Erst die Möglichkeit der Ablehnung macht aus der Liebe ein Geschenk.

Emotional/leidenschaftliche Liebe kann nur geschenkt werden, denn auf Zuwendung zum Innersten gibt es keinen Anspruch, weder einen gesetzlichen noch einen moralischen. Diese Liebe erhält ihren Wert dadurch, dass man sie nicht einfordern und nicht einklagen kann. Um sie geschenkt zu bekommen, muss man sie schenken.

Die Formel »Abstand + Verlangen + Gefahr = leidenschaftliche Liebe« zeigt, dass in der Liebe der Individuen Chancen und Risiken dicht beieinander liegen. Nicht endende Differenzen bedeuten einerseits nicht endende Chancen für die Paarliebe, andererseits aber auch nicht endende Risiken.

Schauen wir uns die Risiken noch etwas näher an. Zu nennen sind da aus meiner Sicht in erster Linie die Risiken der Selbstverständlichkeit, der Langeweile und der Abwendung.

Das Risiko der Selbstverständlichkeit

Gerade wenn Paare nach einer gewissen Zeit des Zusammenseins partnerschaftliche Verpflichtungen eingegangen sind und wenn sich freundschaftliche Gewohnheiten eingestellt haben, erscheint die Beziehung bald als selbstverständlich. Die Logik, die der emotional/leidenschaftlichen Verbindung zugrunde liegt, lautet jedoch: Weil ich dich meine, lasse ich mich auf partnerschaftliche und freundschaftliche Verbindungen ein, und eben nicht: Weil ich mich auf partnerschaftliche und freundschaftliche Verbindungen einlasse, meine ich dich.

Die emotional/leidenschaftlichen Verbindungen sind meist grundlegender, auch wenn es irgendwann so ausschaut, als ob das Haus, die Kinder, die Freunde und die Freizeit die wesentlichen Elemente der Beziehung wären. Natürlich spielen diese Bindungen eine wichtige Rolle, aber ohne den Austausch, ohne die Ganzliebe, scheint selbst vieles auf Dauer wenig zu sein. Wie es die folgenden Zeilen eines Mannes bekunden:

»Wir sind seit zehn Jahren verheiratet, haben drei Kinder im Alter von neun, vier und zwei Jahren. Vor etwa vier Wochen hat mir meine Frau eröffnet, dass sie am liebsten alleine leben will, alleine mit den Kindern – ohne mich. Sie sagte, sie empfinde keine Liebe mehr für mich, allenfalls seien noch freundschaftliche Gefühle da, es sei eher alles platonisch. Ihre Gefühle für mich wären erloschen, auch weil ich in den vergangenen zwei Jahren, wenn es darum ging, Dinge zwischen uns zu klären, seelische Dinge, wie sie sagt, vermehrt und beharrlich geschwiegen habe. Ich weiß – ein Männerverhalten, das ich bereue. Aber die ganze Belastung hat auch mir zu schaffen gemacht, und ich habe auch schon einige Male an Trennung gedacht, das ist aber schon mehr als ein Jahr her. Aus meiner Sicht halten wir momentan vor allem wegen der

Kinder noch zusammen. Ich schätze so vieles, was wir als Paar besitzen. Nur ist es ernüchternd zu sehen, dass die Partnerin all dies auf einen Schlag nicht mehr zu sehen scheint. So blöde es klingt: Erst nachdem sie mir nun klar gesagt hat, dass sie sich trennen will, bin ich aufgewacht und habe gemerkt, wie wichtig sie mir ist.«

Man kann sich vorstellen, dass im belastenden Alltag dieses Paares – drei Kinder, Job, Hausarbeit etc. – einiges untergegangen ist, das sich im Innersten der Einzelnen gezeigt und auf Bestätigung gehofft hat. Was wäre passiert, wenn es zum Austausch dessen gekommen wäre, was jedem am Herzen lag? Wenn der Mann nicht so lange geschwiegen und die Frau nicht so lange erduldet hätte? Wenn die beiden die Gefahr gesehen hätten und nicht davon ausgegangen wären, dass ihre Beziehung selbstverständlich ist, dass sie all diese Belastungen irgendwie aushalten wird? Vielleicht wäre dann kein drittes Kind gezeugt worden, vielleicht wäre öfter körperliche und emotionale Nähe gesucht worden, auf jeden Fall wäre es auf beiden Seiten nicht zu dem Empfinden gekommen, im Innersten allein zu sein. Die Gefühlslage wäre eine andere gewesen, und anstatt wie Partner mit der Situation umzugehen, hätte sich eine Lösung gefunden, deren Grundlage der gegenseitige Bezug auf das Innerste gewesen wäre.

Die Bemerkung des Mannes, «Erst nachdem sie mir nun klar gesagt hat, dass sie sich trennen will, bin ich aufgewacht und habe gemerkt, wie wichtig sie mir ist«, weist auf die Bedeutung der Gefahr hin. Selbstverständlichkeit kann nur aufkommen, wenn keine Gefahr in Sicht ist, wenn man sich des Partners sicher fühlt. Dieses Sicherheitsgefühl ist mehr als trügerisch, weil, wie das Beispiel auch zeigt, heute nicht einmal drei Kinder ein Paar verlässlich zusammenhalten können. Jeder kann – wenn auch mit gewissen Einschränkungen – ebenso allein klarkommen.

Weil Selbstverständlichkeit so gern und schnell angenommen wird, sind Irritationen oder Krisen durchaus heilsam für eine Liebesbeziehung. Um sie auszulösen, genügen oft kleine Offenbarungen, etwa wenn einer sagt: »Ich fühle mich in letzter Zeit öfter allein«, und wenn man sich dann nicht vom Partner beruhigen oder ablenken lässt, sondern dafür sorgt, dass auf diese Äußerung adäquat eingegangen wird.

Das beste Mittel gegen Selbstverständlichkeit ist die Betonung der Unterschiede, die Betonung, dass es *mir anders geht als dir*, dass ich etwas anderes ersehne das du, dass mich etwas anderes beschäftigt als dich – und dass ich möchte, dass wir voneinander erfahren und auf das eingehen, was jeden bewegt.

Das Risiko der Langeweile

Ein weiteres Risiko, mit dem Paare konfrontiert sein können, wenn sich ihre Beziehung eingespielt hat, ist das der Langeweile. Langeweile entsteht etwa dann, wenn Partner die Gefahr meiden. So halten sie Impulse zurück, von denen sie annehmen, dass diese Unruhe oder Irritation hervorrufen. Langeweile breitet sich aus, wenn auf Dauer versucht wird, die Harmonie zu wahren. Normalerweise hat der Partner, der sich zurückhält, den Eindruck, er wäre mit einem langweiligen Partner zusammen, dem man nichts zumuten kann, der in eingefahrenen Gleisen fährt, der Lebendigkeit meidet. Tatsächlich sperrt derjenige, der Langeweile empfindet, seine Impulse selbst ein, woraufhin sich die Zeit statt kurz ziemlich lange gestaltet.

Langeweile aufgrund von zurückgehaltener Lebendigkeit und vermiedener Gefahr – man will dem anderen nichts zumuten und verzichtet um des lieben Friedens willen – macht sich oft auch im sexuell-erotischen Bereich breit. Die Partner haben über die Zeit eine Routine festgelegt, in der sie auf Nummer sicher gehen und jede Grenzüberschreitung meiden. Erotik ist aber auf die Überschreitung von Grenzen, auf den Bruch mit Gewohnheiten, auf die Lust am Unbekannten angewiesen. Die Vorstellung, beide wären mit ihrer Sexualität permanent zufrieden, abstrahiert von der Tatsache, dass individuelles Begehren völlig unabhängig voneinander entstanden ist, lange bevor das Paar zusammenkam, und dass aus diesen unterschiedlichen Begehrensstrukturen oft reichlich geschöpft werden kann. Doch gerade im erotischen Bereich fällt es den meisten Paaren schwer, sich zu äußern und den anderen herauszufordern.

So erging es einer Frau, die sich nacheinander mehrere Liebhaber nahm, weil sie sich im Bett mit ihrem Mann langweilte. Sie probierte Männer aus, um zu erfahren, was diese zu bieten haben. Doch keiner traf ihre Erwartungen in Gänze, aber keiner bekam die Chance, von ihren Erwartungen zu erfahren. Sie sorgte gewissermaßen selbst für ihre Langeweile, sie war selbst langweilig, oder anders gesagt: zurückgehalten.

Wenn einer die Komfortzone verlässt und die Scheinharmonie kündigt, indem er seine Unzufriedenheit äußert und/oder darüber hinaus seine Sehnsüchte und Träume kundtut, kann das zur Folge haben, dass die Beziehung vielleicht in Aufruhr gerät, aber sie kann davon auch profitieren.

Das Risiko der Abwendung

Wenn zwei sich füreinander geöffnet und eine Liebesbeziehung begonnen haben, hat Offenbarung und Zuwendung stattgefunden. Aber wer sagt, dass man alles annehmen kann, was einem vom Partner im Laufe der Zeit präsentiert wird?

Ein Partner kann Seiten an sich entdecken, die dem anderen nicht gefallen. Es muss nicht so extrem sein wie bei der fünfzigjährigen Frau, die sich Knall auf Fall in ihre beste Freundin verliebte. Ihr Mann konnte sich damit überhaupt nicht arrangieren, er trennte sich von ihr.

Es genügt aber auch schon, wenn einer einen Lebenstraum verwirklichen will, bei dem der andere nicht mitzieht. Dann kann die Beziehung zum Hindernis für die individuelle Entwicklung werden, und unter Umständen macht es keinen Sinn mehr, sie aufrechtzuerhalten. Der eine Partner sagt dann: »Wenn du das tust, bleibe ich nicht bei dir«, und der andere antwortet: »Wenn du mich so nicht willst, brauchen wir nicht zusammenzubleiben.«

Es genügt, wenn einer entdeckt, dass er die körperliche Verbindung zum anderen nicht mehr will, der andere das aber nicht akzeptiert. So wie bei dem Mann, der seiner Frau von Anfang fünfzig mitteilte, Sexualität sei ab jetzt für ihn »passé«. Sie wollte das für sich nicht akzeptieren, auch sie trennte sich.

Dass sich Individuen im Laufe ihres Lebens teils massiv verändern, ist keine Theorie, und ob der Partner den Identitätswechsel mittragen kann oder will, muss sich zeigen. Er kann sich dagegen entscheiden, weil er mit dem, in den sich sein Partner verwandelt, nicht umgehen und nicht zusammenleben will.

So geschah es einem Mann, der nach langen erfolglosen Jahren endlich Erfolge als Künstler feierte. Plötzlich war er bekannt, verkaufte seine Werke teuer und lernte bedeutende Leute kennen. Plötzlich hielt er Dinge für wichtig, die ihn früher nicht interessierten, Geld, Ruhm, Bewunderung. Diese Veränderung zeigte Folgen. Er zog sich von seinen bisherigen Freunden zurück und sah auf diese herab. Er hatte kaum Zeit für die Familie und wenig Interesse an einer Nähe zu seiner Frau. Diese versuchte, seinen Wandel als vorübergehend zu sehen. Doch nach einigen Jahren bemerkte sie, wie weit sie sich von ihm entfernt hatte. Sie sagte: »Du bist nicht mehr der Mann, den ich geheiratet habe, und den Mann, der du jetzt bist, will ich nicht.« Sie wendete sich von »Mr. Wichtig«, wie sie ihn in der letzten Beziehungsphase nannte, ab. Schließlich verließ sie ihn.

Ein anderes Paar war acht Jahre zusammen, bevor es zur gegenseitigen Abwendung kam. Die Frau war finanziell unabhängig und wollte das auch in der Beziehung bleiben. Er hingegen wollte mit ihr auf einmal gemeinsame Kasse machen, etwas »zusammen aufbauen«. Von der gemeinsamen Kasse hätte er profitiert, da sie mehr Geld angespart hatte. Sie weigerte sich, seinem Ansinnen Rechnung zu tragen, zumal sie ihn oft als knausrig erlebt hatte. Sie teilte ihm ihre Bedenken mit, doch er beharrte auf seinem Standpunkt. Schließlich drohte er ihr, sich notfalls eine andere Frau zu suchen, um seiner drohenden Altersarmut zu entgehen. Damit war für sie klar, dass »nicht ich, sondern mein Geld gemeint ist«, woraufhin sie sich von ihm trennte.

Auch wenn manche Psychologen den Eindruck erwecken, bei einer Trennung hätten die Partner in jedem Fall etwas falsch gemacht, trifft dies meines Erachtens nicht zu. Letzten Endes sind die Inhalte des Innersten keiner wirksamen Kontrolle durch Absicht und Willen unterworfen. Es kann immer sein, dass die Gefahr der Abwendung real wird. Es kann sein, dass das, war der Partner zeigt, nicht Mitgefühl, sondern Ablehnung hervorruft.

Wir sind der Liebe auf einer ungewissen Weise ausgeliefert, wir können keine Garantie auf Bestätigung geben, und das scheint gut so zu sein.

Es wäre das Ende der Liebe, könnten wir sie kalkulieren und somit beherrschen. Sie wäre nicht geschenkt, sondern gemacht, sie könnte nicht für »dich« oder »mich« gemeint sein, sondern würde genauso für irgendjemand Beliebigen funktionieren.

So führt kein Weg daran vorbei, dass Paarbeziehungen, seitdem die emotional/leidenschaftliche Liebe darin eine zentrale Rolle spielt, und seitdem partnerschaftliche und freundschaftliche Aspekte an Bedeutung verlieren, zwar intensiver, aber auch weniger stabil sind. Das mag für die einzelne Beziehung früher oder später ein Aus bedeuten, die emotional/leidenschaftliche Liebe ist davon nicht betroffen, sie ist mit einem neuen Partner möglich.

Die emotional/leidenschaftliche Liebe ist eine auf Individuen zugeschnittene Liebe, aber gleichzeitig stellen die Partner – in ihrer Eigenschaft als Individuen – die größte Gefahr für ihre Beziehung dar. Wenn es in der Not heißt: »Die Beziehung oder Ich«, fällt die Entscheidung immer häufiger zugunsten des Ich aus. Und wozu sollte eine Beziehung unter den heutigen Lebensumständen taugen, in der ein Einzelner nicht er selbst sein kann?

Anspruchsvoll und gestaltungsoffen

Die emotional/leidenschaftliche Liebe ist zweifellos eine anspruchsvolle Liebesform, weil sie auf Offenbarung und Zuwendung basiert. Aber sie verlangt nicht nur viel, sie bietet den Partnern auch viele Möglichkeiten. Sie verträgt sich sehr viel besser mit Unabhängigkeit, als partnerschaftliche oder freundschaftliche Liebe das tun. Die emotional/leidenschaftliche Liebe ist nicht auf Zusammenarbeit und nicht auf gegenseitige Unterstützung beim persönlichen Wachstum angewiesen, sie kann, sie muss aber nicht mit den anderen Liebesformen zusammengehen. Sie kann nicht nur mit Abstand besser umgehen, sie profitiert sogar von Distanz, wie ihre Formel »Abstand + Verlangen + Gefahr = leidenschaftliche Liebe« zeigt.

Konkret kann »Ich fühle mich *ganz* geliebt« etwas sehr Verschiedenes bedeuten, einiges davon wurde bisher nicht mit einer Paarbeziehung in Verbindung gebracht. Möchte ein Partner beispielsweise nicht mit dem anderen zusammenwohnen, würden viele das als eine unvollständige Beziehung oder eine unvollkommene Liebe deuten. Derjenige aber, der diesen Beschluss gefasst hat, kann sich gerade deshalb *ganz* geliebt fühlen, weil auf seine Bedürfnisse nach Eigenständigkeit, vielleicht sogar auf seine Angst vor einem spannungsreichen Alltag, eingegangen wird.

Bei der emotional/leidenschaftlichen Liebe ist es nicht möglich, einen Kriterienkatalog aufstellen, der beschreit, was ein Liebespaar ausmacht und was geschehen muss, damit sich ein Partner ganz geliebt fühlt. Man kann nicht sagen, dass es zu einem Paar gehört zu heiraten, Kinder zu bekommen, den Alltag miteinander zu verbringen, gemeinsame Interessen zu verfolgen, Sex zu haben oder Zukunftspläne zu schmieden. Der eine fühlt sich ganz geliebt, wenn er geheiratet wird, der andere gerade dadurch, dass er von diesem Anspruch verschont bleibt. Der eine fühlt sich ganz geliebt, wenn miteinander Pläne geschmiedet werden, der andere, wenn er sich auf nichts festlegen muss.

Die Ganzliebe zielt derart auf den Einzelnen ab, dass sie die meisten Konventionen von Paarbeziehungen außer Kraft setzen kann. Vor Kurzem lernte ich ein Paar mit Kind kennen. Obwohl der Mann kein Kind in die Welt setzen wollte, brauchte seine Frau auf ihren sehnlichsten Wunsch nicht zu verzichten: Sie hat ihr Kind mit einem Freund gezeugt. Nun lebt das Paar mit Kind als glückliche Familie zusammen. Wie die beiden Partner erzählten, war es ein längerer Prozess, bis sie beide diese Lösung passend fanden, ein Prozess, in dem sie sich ausgiebig über ihr Inneres austauschen mussten. Jetzt trägt diese ungewöhnliche Lösung zu ihrem und seinem Empfinden von Ganzliebe bei.

Die emotional/leidenschaftliche Liebe gibt den Partnern eine große Gestaltungsfreiheit bei ihrer Beziehung. So kenne ich ein Paar, das sich seit mehr als zehn Jahren immer wieder trennt, dann aber erneut zusammenkommt. Die Trennungen passieren stets dann, wenn die Partner mehr Alltag miteinander teilen wollen als ihnen guttut. Und sie kommen wieder zusammen, wenn sie sich so sein lassen, wie sie sind. Beide haben ganz unterschiedliche Freundeskreise, sie ist kulturell interessiert, er ist Sportfan, sie hat mehr Geld, er weniger, sie reist gern, er ist Dauercamper an der Nordsee. Der emotional/leidenschaftlichen Liebe stehen diese Unterschiede nicht im Weg, einer partnerschaftlichen Verbindung hingegen schon.

Es kann aber auch das Gegenteil der Fall sein, dass sich jemand erst ganz geliebt fühlt, wenn ihn partnerschaftliche, freundschaftliche und emotional/leidenschaftliche Liebe mit ein und demselben Partner verbinden. Die Herausforderungen beginnen spätestens dann, wenn die partnerschaftlichen Projekte auslaufen, wenn die Kinder aus dem Haus sind oder wenn die Freundschaft keine große Rolle mehr spielt, weil jeder die anfangs faszinierenden Eigenschaften des anderen in sein Selbst integriert hat.

Chancen und Risiken – die emotional/leidenschaftliche Liebe bietet beides. Jede Zeit hat eine andere Paarliebe hervorgebracht;

und unsere Zeit hat die Liebe der Individuen geschaffen. Das Ende der emotional/leidenschaftlichen Liebe ist längst nicht gekommen, im Gegenteil. In Zukunft werden – sollte die Gesellschaft sich weiter in die eingeschlagene Richtung entwickeln – aufgrund zunehmender ökonomischer Unabhängigkeit der Partner, aufgrund sich weiter auflösender Rollenfixierungen, aufgrund zunehmender Individualität Liebesbeziehungen noch weniger auf partnerschaftlichen und freundschaftlichen Motiven beruhen.

In einer solchen Zukunft werden Individuen in einem weitaus größerem Maße als je zuvor darauf angewiesen sein, dass sie von einem anderen Individuum mit der Bedeutung versorgt werden, die es ihnen ermöglicht, ein Einzelner oder eine Einzelne, ein Selbst zu sein.

Fazit

Ich hoffe, mit meinen Ausführungen etwas Klarheit in das komplizierte Thema der Paarliebe in heutigen Zeiten gebracht zu haben. In Bezug auf Paarbeziehungen herrscht allgemein eine ziemliche Konfusion. Das zeigt sich beispielsweise in Fragen, die seit Jahren diskutiert und auch immer wieder gestellt werden:

»Braucht die Liebe Fremdheit oder Gleichheit?« – »Wie viel Abstand benötigt die Liebe?« – «Wie wichtig ist Sex in einer Beziehung?« – »Welche Rolle spielt die Kommunikation?« – »Was machen glückliche Paare richtig?« – »Was sind die Spielregeln der Liebe?« ...

Würde eine Paarbeziehung nur einen Zweck verfolgen, wären solche Fragen relativ leicht zu beantworten. Doch mit der heutigen Paarbeziehung werden unterschiedliche Motive verfolgt, und wer ihr einen einzigen Zweck unterstellt, wird ihr nicht gerecht. Heutzutage vermischen sich drei verschiedene Motive innerhalb einer Paarbeziehung, von denen jedes einen anderen Zweck verfolgt und eine eigene Bindungsform schafft.

Idealerweise kommen die drei Bindungsformen in einer Beziehung gleichzeitig vor, doch die Beobachtung zeigt, dass sie keineswegs aneinander gebunden sind, es zu Schwankungen kommt, was die Bedeutung der Liebesformen in jeweiligen Lebenslagen und Lebensphasen angeht. Manche Partner sind vorwiegend aus partnerschaftlichen Gründen zusammen, andere aus freundschaftlichen oder einer Mischung von beiden.

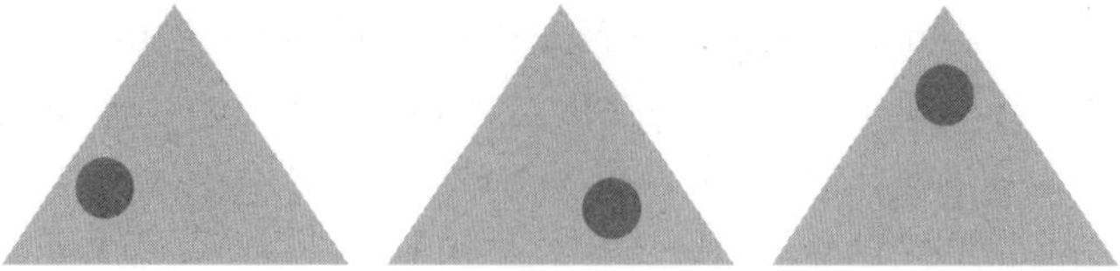

Doch die Tendenz ist deutlich: Es gibt immer mehr Beziehungen, die allein auf emotional/leidenschaftlicher Verbundenheit beruhen, und vor allem: die ohne die emotional/leidenschaftliche Liebe nicht auskommen.

Ganz allgemein lässt sich feststellen – und das ist der Grund, warum ich dieses Thema gewählt habe – dass die emotional/leidenschaftliche Liebe aufgrund der gesellschaftlichen Entwicklung hin zu mehr Individualität gegenüber den anderen Bindungsformen stark an Bedeutung gewonnen hat, sie ist mittlerweile die Nummer eins.

Die wichtige Stellung der emotional/leidenschaftlichen Liebe hängt damit zusammen, dass Individuen in unserer sozialen Umgebung keinen Partner brauchen, um zu überleben, dass sie genügend Freunde haben können, bei denen sie sich entfalten können, dass sie sich mit Sexualität versorgen können – dass sie aber nicht *alleine lieben* können. Um im Innersten gesehen und bestätigt zu werden, braucht es eine exklusive, eine intime Beziehung, braucht es eine umfassende Zuwendung, wie sie einem Individuum nur von einem anderen Individuum gegeben werden kann, das sich diesem offenbart.

Damit die emotional/leidenschaftliche Liebe bestehen kann, muss sie riskiert werden – durch Selbstoffenbarung. Dieses Merkmal unterscheidet sie von partnerschaftlicher und freundschaftlicher Liebe, in denen dem Risiko kein eigener Wert zukommt.

Wer emotional/leidenschaftliche Liebe erleben will und sie auf Dauer erhalten will, dem bleibt nur zu sagen und zu zeigen: »Schau, so bin ich, so fühle und empfinde ich, davon träume ich, davor fürchte ich mich, danach sehne ich mich ... und dafür liebe mich.«

Es scheint fast so, als wäre die neue Liebe im Kern von allen irdischen Aufgaben befreit, außer von der emotional/psychischen Aufgabe, ein Individuum in seinem Selbst zu bestätigen. Die neue Liebe wurde möglich, weil Liebesbeziehungen von anderen gesellschaftlichen Verpflichtungen befreit sind. Dazu musste die Paarbeziehung von einer Reihe von Aufgaben entlastet werden. Diesen geschichtlichen Vorgang beschreibt der Wissenschaftler Gunter Schmidt:

> *Die Institution Ehe verliert ihr Monopol, Beziehungen und Familien zu definieren und zu legitimieren. Nun gilt: Ein Paar ist dort, wo zwei Menschen sagen, dass sie eines sind, unabhängig vom Familienstand und vom Geschlecht des Partners; und Familie ist dort, wo Kinder sind – unabhängig davon, ob Mutter oder Vater verheiratet sind ... Aber nicht nur von der Institution Ehe werden Beziehungen freigesetzt, sie werden zunehmend auch freigesetzt von sachlichen Aufgaben der Lebensbewältigung und des Lebenskampfes ... (und) von traditionellen Geschlechterrollen, die die Arbeitsteilung in einer Partnerschaft ehemals verbindlich regelten.*[23]

Eine moderne Paarbeziehung hat in erster Linie diesen einen, neuen Zweck. Sie dient dazu, den Individuen zu ermöglichen, Individuen zu sein. Diese Aufgabe ist an Bedeutung kaum zu überschätzen. Wäre der Liebespartner nicht der, der sich dem widmet, was in dieser komplexen Gesellschaft niemand anderen interessiert – der Seele des Individuums, seiner innersten Welt –, würde jeder sich und wir einander verloren gehen.

Anmerkungen

1 So Dr. Carola Meier-Seethaler auf einem Kongress in Luxemburg »... wo eine Ethnologin und ein Ethnologe über die heute noch bestehende Besuchsehe im Südwesten Chinas berichteten. Dort wird die lebenslange Geborgenheit für Töchter und Söhne in der matrilinearen Sippe garantiert. Die Männer suchen über Nacht ihre Partnerinnen in anderen Sippenhäusern auf, und diese Liebesverhältnisse dauern ganz verschieden lang. So, wie es der Liebe gefällt.«

2 Siehe Günther Dux: Die Spur der Macht im Verhältnis der Geschlechter. Über den Ursprung der Ungleichheit zwischen Mann und Frau. Frankfurt am Main 1997

3 Siehe Michael Mary: 5 Lügen die Liebe betreffend. Bergisch Gladbach 2003

4 Siehe Michael Mary: Lebt die Liebe, die ihr habt. Wie Beziehungen halten. Reinbek 2008

5 Siehe Michael Mary: Wo bist du und wenn nicht, wieso? Wie Sie den passenden Partner finden, ohne ihn zu suchen. München 2011

6 Michael Lukas Moeller: Gelegenheit macht Liebe. Glücksbedingungen in der Partnerschaft Reinbek 2000, S. 66

7 Hartmut Esser: »Kein Ehevertrag, keine Kinder!« In: *Focus* 10/2003

8 Zur Beziehung als »eigenständigem Wesen« siehe: Michael Mary: Mythos Liebe. Lügen und Wahrheiten über Beziehungen und Partnerschaften. Bergisch Gladbach 2004 (Heute: Die Beziehung als dritte Person. Nordholt 2015)

9 Gunter Schmidt in seinem Vortrag in Zürich am 3. April 2003

10 Hans Peter Duerr: Die Tatsachen des Lebens. Der Mythos vom Zivilisationsprozess. Bd. 5. Frankfurt/Main 2005, S. 19

11 Michael Mary: Von wegen Venus und Mars. Nordholt 2015

12 Rafaela von Bredow: »Das wahre Geschlecht«, in: *Der Spiegel* 30/2000

13 Claudia Quaiser-Pohl und Kirsten Jordan: Warum Frauen glauben, sie könnten nicht einparken – und Männer ihnen Recht geben. Über Schwächen, die gar keine sind. München 2004, S. 32 f.

14 Johanna Forster: Die aktuelle Geschlechterdiskussion. Karl-Franzens-Universität Graz

15 Rafaela von Bredow: »Das gleiche Geschlecht«. Zit. aus *Der Spiegel* 6/2007

16 Siehe Günther Dux: Die Spur der Macht im Verhältnis der Geschlechter, a. a. O.

17 Janet Hyde, Universität Wisconsin

18 Zit. aus *Der Spiegel* 11/2014, S. 49
19 Zit. aus dem *Zeit Magazin*
20 Catherine Cardinal: 10 Gebote für glückliche Paare. Freiburg 2003
21 Günter Burkart: »Auf dem Weg zu einer Soziologie der Liebe«. In: Kornelia Hahn und Günter Burkart (Hrsg.): Liebe am Ende des 20. Jahrhunderts. Opladen 1998, S. 16
22 Zitiert aus *active beauty* vom 4. Juli 2013
23 Gunter Schmidt: »Soziokultureller Wandel der Sexualität«, Vortrag an der Universität und der Eidgenössischen Technischen Hochschule Zürich, 3. April 2003

Literatur

Burkart, Günter: »Auf dem Weg zu einer Soziologie der Liebe«. In: Kornelia Hahn und Günter Burkart (Hrsg.): Liebe am Ende des 20. Jahrhunderts. Opladen 1998

Cardinal, Catherine: 10 Gebote für glückliche Paare. Freiburg 2003

Duerr, Hans Peter: Die Tatsachen des Lebens. Der Mythos vom Zivilisationsprozess. Bd. 5. Frankfurt/Main 2005

Dux, Günther: Die Spur der Macht im Verhältnis der Geschlechter. Über den Ursprung der Ungleichheit zwischen Mann und Frau. Frankfurt am Main 1997

Mary, Michael: 5 Lügen die Liebe betreffend. Bergisch Gladbach 2003

Mary, Michael: Lebt die Liebe, die ihr habt. Wie Beziehungen halten. Reinbek 2008

Mary, Michael: Wo bist du und wenn nicht, wieso? Wie Sie den passenden Partner finden, ohne ihn zu suchen. München 2011

Mary, Michael: Mythos Liebe. Lügen und Wahrheiten über Beziehungen und Partnerschaften. Bergisch Gladbach 2004 (Heute: Die Beziehung als dritte Person. Nordholt 2015)

Mary, Michael: Von wegen Venus und Mars. Nordholt 2015

Moeller, Michael: Gelegenheit macht Liebe. Glücksbedingungen in der Partnerschaft Reinbek 2000

Quaiser-Pohl, Claudia, und Kirsten Jordan: Warum Frauen glauben, sie könnten nicht einparken – und Männer ihnen recht geben. Über Schwächen, die gar keine sind. München 2004